前川喜平 教育のなかのマイノリティを語る

高校中退・夜間中学・外国につながる子ども・LGBT・沖縄の歴史教育

前川喜平
青砥 恭
関本保孝
善元幸夫
金井景子
新城俊昭

明石書店

まえがき

憲法には、「能力に応じて、ひとしく教育を受ける権利を有する」（第26条）と書かれています。能力というと、つい、ある、ないととらえられがちですが、ここはさまざまな能力に応じてと解釈すべきだと思います。能力とは、今回の5つの対談のなかでも話してきたように単一の尺度で測れるものではなく、一人ひとりがそれぞれ多種多様な能力をもっています。むしろ能力ということばよりも個性というほうがいいのかもしれません。

それぞれの個性に応じてひとしく、このひとしくということばはもれなくという意味で、誰もが同じ内容・形式の教育を受けるということを意味するものではありません。

誰もがそれぞれの個性に応じて教育を受ける権利をもっているはずですが、現実にはそれが実現されていません。とくにそれが実現されないケースが多いのはマイノリティの人たちに対してといえるでしょう。均質な人材を大量に育成しようという近代的な政治・経済の要請に従った教育政策のなかで、置き去りにされた人たちがたくさんいました。国の都合で行なわれてきた教育行政のなかではじきだされ、置き去りにされ、ほったらかしにされ、差別されてきた人たちが教育のなかのマイノリティだと思います。

マイノリティは、行財政的にみればコストがかかる部分です。従来の教育行政のなかでは、学習要求があるにもかかわらず無視されたり、国の政治の都合でほったらかしにされたりしてきました。

私は憲法の理想を実現することが行政の仕事だと思っていました。しかし、マイノリティの子どもたちの教育の機会を保障することが文科省の仕事のなかでもできていなかったという気持ちをずっともちつつ、十分できないまま退官してしてしまいました。課題はたくさん残っています。そのなかの5つを選んで今回の対談集にまとめました。もちろん教育のなかのマイノリティは、この5つに限定されるわけではありません。本1冊分という制約のなかでやむなく5本にとどめざるをえなかったのです。

マイノリティの現実を文科省はきちんと知らないというのが実情です。学習から疎外された若者が高校を中退してしまうという高校中退の現実をちゃんと知っているか。知りません。中退者の数は数字としては調べています。学校から聞かされる中退の理由は把握しています。しかし、学校から聞く理由というのはかなりあやしい。実態を表しているとはいえないでしょう。さらには、中退した後のことはまったくフォローしていません。ごくまれに追跡調査をやることはありますが、文科省の立場からすれば、中退した後は学校にいないのだから、対象外だということになります。それで本当にいいのでしょうか。

教育行政よりも広い政策的な視野で考えれば、どうやって社会的包摂（インクルージョン）を実現するかを考えるときに、高校中退は、まずはどう防ぐか、つぎに中退した人たちをもう一度学びの場に迎える手立てをどうとればいいかという課題があるはずです。そうした課題には今のところ十分に

手が届いていません。
夜間中学は、学齢のときに義務教育を受けられなかった人たちが学齢を過ぎたあとに学ぶ場として役割をはたしてきました。現在は、日本に生まれ育っていながら義務教育をきちんと受けられなかった人たちと外国から来て十分な教育を受けていない人と二通りのニーズにこたえることが求められています。これから夜間中学の機能をどうやって充実させるかという問題に直面しています。まずは、数が圧倒的に足りないので、増やすことが先決ですが、中身も同時に見ていかないとなりません。
3年前に文科省が形式卒業者も夜間中学入学を認めるという通知を出しました。これから夜間中学に不登校経験者も増えてくると思います。若い人、10代の生徒が中学で十分な勉強ができなかったからもう一度ちゃんと学びたいといって、多くは2年生としてはいってきます。1、2年勉強してから高校に進学するのです。先日は、私が非常勤講師をしている日大の授業の一環として葛飾区立双葉中学校夜間学級を訪問しました。全体は40数人で、外国人が多いのですが、形式卒業者の若い日本人の生徒たちも6人いました。日本語学習からはじめる外国人の生徒と中学校各教科の勉強をやり直す生徒とのニーズはやはりちがいます。

高校中退や夜間中学の問題は、社会のなかに存在する格差・貧困をどう克服するかという課題に直結しています。

外国につながる子どもの話は、日本の社会が多国籍に変化していくという方向性のなかでの課題だと思います。日本でも、遠い将来には、外国にルーツをもつ人のほうがマジョリティになるかもしれない。すでにアメリカでは、白人がだんだん減ってきて白人以外のヒスパニックと黒人などを合わせると過半数になるというところに来ている。移民が人口に占める割合は、ヨーロッパでも1割をこえています。日本の場合、それが非常に少ない状態ですが、いまの政府の方針を見ても外国人労働者を受けいれる方向に向かうのはまちがいない。これからどんどん外国人が日本にはいってくるでしょう。チャイナタウンやコリアンタウンと呼ばれるところはすでにありますが、やがてネパールタウンやベトナムタウンのような外国につながるコミュニティができてくるでしょう。それを漫然と見ているだけで、きちんと社会的包摂（インクルージョン）に向けた手立てをとらないと、社会が分断されていく危険性があります。

平成26年（２０１４）の文科省調査では、夜間中学に来る外国人の３割くらいは日本語を学ぶためだけに来ています。夜間中学ではないところで日本語教育の機会をちゃんとつくらなければなりません。私は待ったなしの課題だとみています。そこでは日本語教育と母語教育の両方が必要です。そして、ことばを学ぶだけではなく、文化を同時に学んで、子どもたちがアイデンティティをしっかり保てるような場にしなければなりません。対談のなかでもいいましたが、ダブルアイデンティティをもつ人が日本のなかで増えていかなければならないし、実際、増えていることはまちがいない。そういう人たちが橋渡しになって多文化共生社会が作られていくでしょう。そうやって多文化共生の条件をどう作るかを真剣に考えていかなければなりません。夜間中学に来ている外国人、小中学校のなかの外国につながる子どもたちの問題はどんどん大きな課題になっていくでしょう。

ＬＧＢＴについてごく最近、ある国会議員からとんでもない発言が登場しました。「同性愛者は生産性がない」、ひどいことをいうものです。明らかに個人ではなく、国を優先的に考える発想です。人口が増えないことは、国にとって生産性が落ちたということなのでしょう。彼女がいう生産性とは、かつての「産めよ、増やせよ」を連想させます。人口が多いと大国になれるということでしょうか。人口という観点から生産性があるかないかといっていて、生産性がない人には税金を使う必要がないなどと、とんでもないことをいう人です。

ちょうど時を同じくしてオーストラリアで同性婚を認める法律が通ったというニュースがありました。大きな歴史は、一人ひとりの尊厳を実現する方向で動いていると思います。しかし、そうはいっても後ろに戻ろうとする人たちが常に存在します。

日本の教育の問題点は、国にとって都合のいい人間をつくるという方向を向いてきたところです。明治以来だと思いますが、日本人としての国民統合をめざした教育で画一化していこう、一つの「ニッポンジン」という型にはめていく教育がずっとつづいていました。そのなかに家父長制的な家族観がずっとあって、そういうものを復活させようとする人たちがいまだにいるわけです。そういうなかで、生産性がないなどということばが平気でつかわれてしまいます。同性婚など認めない、子どもを生んでこそ家族だという。

日本の古い家族制度は親子が軸になります。憲法24条は個人と個人が結びついて婚姻をすることによって家族ができる、家族のもっとも基本的なつながりは夫婦だとしています。同性婚の場合は「夫夫」と書く場合もあるし、「婦婦」もある。私がこの1年のあいだで知りあった女性のなかには同性婚したかたもいます。新郎のいない結婚式を挙げました。いまの戦前回帰的な考え方が強まっているなかで、LGBTの人たちが排除されがちになっているのではないか、危険だなと思っています。

沖縄は、近代日本が最初に植民地化した地域だといっていいでしょう。「琉球処分」で琉球王国がなくなって日本の沖縄県に編入されました。戦争で負けそうになったときには時間稼ぎのために沖縄で「捨て石」戦をし、戦後は、沖縄に米軍基地を大量に押しつけてきました。日本の近現代のツケを全部沖縄にまわしているのではないかと思います。いわゆる本土の沖縄出身者に対する差別はいまでもつづいています。それは、本土から沖縄に派遣されていた機動隊員の「土人」発言などに明らかです。沖縄には沖縄の歴史がある。「日本史」と同じように「琉球史」があってしかるべきだし、沖縄の人たちからみれば、ヤマトンチュウが自分たちにどういうことをしてきたか、つらい歴史だろうと思います。そのつらい歴史を直視する沖縄の歴史教育は、平和教育の新しい視点を示しています。

戦前回帰的な価値観「ニッポンジン単一民族」観による排除では、外国人も、沖縄人も排除される。戦前回帰指向の家族観、国家観がマイノリティに対する差別、偏見、ヘイトを煽る方向に向いているように思います。

日本の教育政策がめざすものは、戦前であればいい兵隊、戦後は経済成長に役に立つ人間づくりでしょう。経済成長に役立つ人間をいかに育てるか、生産要素としての人間という見方です。いかに生産性の高い労働力にするか、そういう教育がつづいてきました。そういうなかで制度からはじきだされた人たちがたくさん出てきた。教育のなかのマイノリティは、そうした画一的な人材養成の仕組みからこぼれ落ちたともいえます。

いまの文科省は、相当な部分で内閣官房に牛耳られているようです。とくに大学政策が顕著です。とにかく経済成長に役に立つ人間をつくれという。たとえば、マイノリティの研究のような非生産的な研究に金は使うな、いわんや反日的、自虐的な歴史研究などは絶対にやめさせるという。反日的な研究に科研費を出すなとか、いいたい放題です。しかも国会議員という立場の人たちのなかにもそういうことをいう人がずいぶん増えてきました。

そういう議員はヘイトスピーチにも同調的な傾向をもっているのではないかと思います。私は、ヘイトスピーチに対しては法律を作って刑事罰を与えるべきだと思っています。ヘイトスピーチの問題は、表現の自由の問題ではない。ドイツのように、自由・平等・民主主義の敵に対してはしかるべき対抗手段をとるべきだと思います。日本の民主主義は寛大すぎて民主主義の敵まで許している。そこはナイーブな民主主義に対する信頼感があったのでしょう。

私が学生のころに勉強した憲法のテキストは宮澤俊義さんが書いたものでした。宮澤さんは、思想の自由市場のようないい方をしていました。いろいろな思想が自由に表現される。そのなかでまっとうな思想が生き残ると考えていました。ところが、まっとうな思想が、レッセフェール（自由放任主義）で放っておいて生き残れるか。いまの状況を見ていると、まっとうではないほうがはびこっているのではないか。

自由を否定する自由を認めるのか、これは自由主義のジレンマです。すくなくともヘイトスピーチに対してははやく法律を整備して非合法化するべきだと思います。生産性のない人間はいらないということを公然という人たちが増殖しつづけたら、ひどい世の中になってしまいます。

これからの教育を考えるときに、学習権というものを根本に置いて考えるべきでしょう。私は仮に憲法を改正するということであれば、学習権をきちんと書きこむべきだと思いますが、もちろん、いまの憲法のなかでも13条の包括的人権規定や23条の学問の自由をあわせて読めば導き出されるものです。その根っこには個人の尊厳というものがあって、一人ひとりが学ぶことによって自分の尊厳を保ち、それを発揮し、実現することができる。学ぶ権利は根っこの権利として確立すべきものです。マイノリティの場合には、それが保障されていない状態が多いから、より強く意識されなければなりません。

学習権は、複合的な人権です。一つは自由権。学問の自由は憲法の23条に書いてありますが、何を学ぶか、国からああしろ、こうしろといわれない自由。これを学べ、これを学ぶなという国家の干渉を許さない。国家権力から自由に学ぶ権利です。

学習権はさらに社会権であり、平等権であり、参政権でもあります。社会権は、国に対してちゃんと学ぶ場をつくれ、学びに財政的支援をしなさいという権利です。

平等権は、教育の機会均等ということです。すべての人が同じように教育を受ける権利をもっている。この平等のなかには経済的理由にもとづく差別も認めないという考え方も含まれています。教育の機会均等権は憲法14条の平等権よりも広いのです。憲法14条条文と教育基本法4条の条文を読みくらべるとよく分かります。憲法14条では、「すべて国民は、法の下に平等であって人種、信条、性別、社会的身分、又は門地によって政治的、経済的、又は社会的関係において差別されない」と書いてあります。それに対して教育基本法4条（旧3条）は、「人種、信条、性別、社会的身分」、最後に「門地」が置かれているは同じですが、社会的身分の後に「経済的地位」がはいっています。「……社会的身分、経済的地位又は門地によって、教育上差別されない」となっているのです。つまり、教育上の差別にかんしては憲法よりも広く経済的な理由でも差別してはいけないことになっています。

憲法14条は、いわば経済的差別は許しているわけです。お金持ちが大きな家に住んで、おいしいものを食べて、それに対して貧乏な人は小さい家でぎりぎりのものを食べて暮らす、それはしかたないというわけです。「健康で文化的な最低限度」の生活は保障するけれど、それより上のところで差がついているのはしかたない。ところが、憲法26条の「ひとしく教育を受ける権利」というのは、教育基本法でより具体的に中身を述べているわけですが、そのなかに経済的地位による差別を許さないという規定がはいっています。そういう意味で教育の機会均等というのは平等権の一つだと思いますが、法の下の平等よりも広く、経済的な差別も許さないというところまで広がっている。

ただそれが実現しているかというと、そうなってはいません。子どもの貧困と教育の問題は、平等権としての学習権が満たされていない状態と見ることもできます。

教育権は、参政権としての性格ももっています。学ぶことによって政治に参加することができる。ただ、外国人の場合は参政権をもっていないという制約がありますが……。もちろん、選挙権はなくてもデモはできます。デモに参加することも一つの参政権です。私は、在日朝鮮人には少なくとも地方参政権は認めるべきだと思っています。国政参政権も考慮すべきではないでしょうか。

学習権を軸に考えた場合に一人ひとりの尊厳を実現するために不可欠なものであり、マイノリティの立場に置かれている人たちが人間らしく尊厳をもって生きて行くためにも学ぶことは不可欠のものです。これからの教育、教育行政は、これまでのような国のために経済成長に貢献すること人づくりをよしとするようなモデルから、学習権を基礎に一人ひとりの尊厳が生かされ、学ぶことによって個人が人格を完成していくようなモデルに組みかえていくべきです。

今回、5つの対談で、私もたくさんのことを学びました。対談していただいた青砥恭さん、関本保孝さん、善元幸夫さん、金井景子さん、新城俊昭さんにお礼を申し上げます。

前川 喜平

前川喜平　教育のなかのマイノリティを語る◎目次

高校中退・夜間中学・外国につながる子ども・ＬＧＢＴ・沖縄の歴史教育

V

沖縄の歴史教育 平和教育をつくりかえる視点 新城俊昭×前川喜平 221

Ⅰ　高校中退

学習言語を習得できない子どもたち

青砥恭×前川喜平

埼玉の職業高校教員が出発点だった

青砥恭：ぼくは前川さんを本やテレビを見て、少しは存じあげているつもりです。反対に、前川さんはぼくのことはあまりご存じないでしょうから、まず自己紹介をかねて高校教員になったところから話をはじめます。ぼくは１９８３年に、35歳で高校教員になりました。元々研究者志望で、教員志望ではなかったのです。ところが、結婚して娘が生まれ、働かなければと思い、しかたなく、通信教育

で教員免許をとりました。大学の学部のころは教育学部ではなく、法学部の学生でした。

1983年に、採用年齢ぎりぎりで、運よく埼玉県の高校教員になりました。それから20年ほど教員をやりました。ぼくらが教員になったころは、中学や高校はまだ荒れていて、校内暴力があった頃です。一方、生徒の急増期で高校をたくさんつくらなくちゃいけない、その一番最後の頃でしょう。ぼくが教員になったのは埼玉県の新座総合技術高校という総合制高校でした。

前川喜平：あれは、鳴り物入りでできた学校だったですね。

あの頃、文科省（当時は文部省）で私どもも新しい高等学校のモデルだといっていろいろ全国に紹介していました。

青砥：そうですか。新任で、しかも新設校、教員が15人ぐらいしかいなかったのですが、ぼくはその一人。秋山太蔵さんという方が校長で、優れたかたでした。ぼくは新任でしたが、校長のブレーンみたいな感じでした。しかも組合活動もやりました。

新座総合技術高校は、食物調理科から電子機械、情報技術や商業、工業デザイン、服飾デザインまで6学科8クラスありました。電子機械科というのはロボット。情報技術はコンピュータ、それから、服飾デザイン、それから、調理、と多様でした。1年生のときはミックスホームルームでした。多様な生徒がいるのですから、最低1年は、同じクラスでいろんな価値観をもった子たちが共同で暮らすのがいいだろうという発想です。最初の年はいろいろな学科の生徒でクラスをつくり、それから2、3年は専門の学科別に分かれていく。

ぼくは、社会科教師で政治、経済、倫理を教えていました。多様な生徒たちと暮らすんですけど、入学式で一番最初に校長が話したことが、印象的でした。まだ覚えています。「君たちを紳士淑女として迎えたい」という。ぼくはこれには共感をしました。こんな校長がいるんだ（驚いたことを覚えています）。

ぼくらはそういう学校のなかで教師と子どもたちの立場をできるだけ近づけたい。それから、やっぱり上から教えこむだけではなくて、そういう学校のなかにフラットなコミュニティーをつくっていく、そういう方針で学校がはじまったので、やり甲斐がある仕事でした。

前川：これからつくっていくという学校だから。

青砥：そうです。学校がスタートした頃は何もなくて、ホームルーム棟の校舎一つしかない、グラウンドもできてない、体育館もない。

前川：６学科の１年生だけがはいってきた状態ですね。

青砥：そうです。生徒は８クラスで３５０人ぐらいいました。いろんな子がいました。職業高校ですから、勉強ができてもお金がないとか、そういう子もいました。ちょっとヤンキー系の子もいました。教員のなかには、もちろん保守的な教員もいたし、体育系の教員が上からものをいったり、そういうこともありました。ぼくらは、校長を支える側でした。秋山校長が好きでした。

夕方、校長の仕事が終わる時間と、ラグビー部の顧問をやっていたぼくの帰りの時間がほぼ同じ、帰りの方向も一緒だったので、帰りに焼き鳥屋でいっぱい引っかけながら、一日の総括をする。

前川：校長と二人だけで？

青砥：そうです。

前川：ほんとにブレーンだ。

青砥：しかもぼくは組合のリーダーもやる。それが最初の学校の教員生活のスタートでした。ぼくは教育学部出身ではなかったから、発想が教員ぽくはない。そこを校長も評価してくれたのでしょう。ぼくにとっては非常にラッキーな教員生活のスタートでした。考えることや提案することがたくさんあって面白い教員生活のスタートでした。

前川：それはほんとに前向きで建設的な仕事でしょう。

青砥：素晴らしかったです。秋山校長の下で仕事ができたことは、ぼくのような新任教員にとって最高の初任者研修でした。

前川：そういう話を聞いているとうらやましい。私は1979年に文部省にはいりました。青砥さんが高校の先生になるちょっと前です。文部省というのは現場からずっと遊離した場所ですから、よほどしっかりと、なんのために自分は仕事してるのかということを常に反省していないと、本来の目的を見失ってしまいます。

ああしろこうしろという政治家がいて、あるいは、教員の数を減らせなんていう財務省がいたりして、そっちにいい顔してるほうが楽なんです。そういう人たちのほうを向いて仕事をしていると、どんどん現場から遊離してしまう。現場のニーズに合わないことを押しつけたり、現場がほしがってるものを剥がしたりということが往々にしてあります。なんのために仕事してるのかということを常に、自分自身でリマインドとしないといけない。私は若い人たちに、「なんのために仕事してるのか考えてね」「現場のために仕事するんだ」と、いいつづける立場でした。

文部科学省の役人のなかにはそこをちょっととりちがえていて、学校の上に文部科学省があって、ああしろこうしろという命令権をもってると思いこんでる人たちもいるわけです。文科省と学校とのあいだに権力関係みたいのがあると考えている。

だけどそれはちがいます。私は、まず学習者がいて、生徒たちが学ぶということが一番だいじで、その学びを支える先生がいる。そこに、その先生を支える教育行政があるんだと、そういうふうに考えるべきだとずっと思ってきました。それでも、やっぱり、子どもと接する場所に居られる先生がうらやましかった。

青砥：そうですか。

前川：やっぱり現場のほうが絶対いい仕事です。教育行政と教育現場とどっちがいい仕事か、どちらに感動があるかといったら、現場の教育のほうでしょう。

青砥：たしかにそうです。

前川：教育行政は無味乾燥というか、それどころか苦い思いをすることのほうが多いわけです。あんまり楽しいことがないです。現場のためと思っていろいろ仕事したって、あんまり現場から喜ばれなかったりする（笑）。基本的には批判されることのほうが多い。

青砥：ぼくもずいぶん批判してきました。

前川：いえ、私も内部批判をしてました。

青砥：去年4月に、この学校の第一期卒業生たちが、初めて同窓会を開きました。

前川：ミックスでつくったクラスですか。

青砥：そうです。たまたまそのぼくの教えた子たちのなかの一人が、いまではその学校の家庭科の先生をやっています。食物調理科の先生になりました。卒業から30年ちかく過ぎて、クラス委員をやっていたその子がリーダーになって同窓会を開きました。

前川：それはうらやましい。

青砥：30人ほど参加しました。新座総合の1年生のときの教室に集まって、昔の順番にまず座って、担任だったぼくは出席を取ることになりました。

前川：面白い（笑）。

青砥：こういうとまたうらやましがられるかもしれませんけど、涙なくして出席を取れなかった。みんながあれから30歳ずつ歳をとって、50手前になっていて、元気で暮らしている。秋山校長は亡くなりましたが、秋山先生の遺影が会場に飾ってある。

前川：そうやって30年続くものってほんとのコミュニティーです。人と人のつながりがちゃんとある。

青砥：地域の職業高校ですから、エリート養成校ではない。学校の先生になった子もいるけれども、ほとんど、元の新座、それから川越とか所沢とか川口とか埼玉県内で働いていて、集まるときはパッと集まりやすい。そういう地域に根ざした学校づくり、地域で一生懸命に働いて、家族をつくって、また子どもたちを育てて、地域の再生産をしていく。学校教育は本来こうあるのが一番いいなと思う、そんな実践ができていた学校だったような気がしましたね。

前川：ほんとうにうらやましい（笑）。

青砥：あのときは、文部省も、そういう学校をつくろうといって応援してくれたんですね。新座総合を設計した秋山校長のすばらしさを感じます。

前川：そうです。『これからの日本、これからの学校』（ちくま新書）で、共著者の寺脇研さんが職業教育課長をやっていたときにこういう方向をつくるんだといって、全国にこういうタイプの学校をつくりましょうと声をかけていました。

学びの多様化とは

青砥：新座総合の学びについて、組合活動のなかで、組合が「教文」と呼んでいる教育文化の面から、教員のグループのなかの主流派、組合の本部サイドからやっぱり批判がありました。つまり、すべての子どもたちに同一教育、同じ教育内容を保障すべきだというのが戦後ずっと運動のなかにある。それが「平等な教育」だという考えでした。そのために多様化路線は反対であるとなるわけです。

前川：多様化は差別選別だという考え方ですね。

青砥：そうです。ですが、一律に同じ教育内容を教えることが本当に生徒のためになるのか。ぼくは新座総合の教員だったから、子どもたちのなかにものすごく大きな差異があることを現場で知っていました。

　ぼくが書いた『ドキュメント高校中退』（ちくま新書）でも紹介した県内のある高校の先生の話に高校1年で九九ができない生徒が1割以上いるという。その先生は、ぼくが新座総合にいた頃からの研究会の仲間です。しかも、そういう高校は授業料減免率がものすごく高い。貧困層が集中していて、学力も低い。半分近くが中退していくという厳しい現実が当時からあった。そういう学校が一方にあって、他方では、埼玉県には浦和高校とか、浦和第一女子高校というほぼ全員が大学に行き、地元には残らない若者たちがそこで育つ。そんな進学校もいくつかある。当時から「輪切り」という学校間の格差を表現した言葉がありました。それが高校の現実でした。

　問題は、それをどうやって克服していくのか。全部ガラガラポンにして、小学区制にもどし、競争をなくすか。それは現実的ではありません。多様な子どもたち、いろんな文化をもった子たちが学校のコミュニティーのなかで学びあう。その子たちに合った教育をする、それは選別でも差別でもない、というのがぼくの主張です。当時の教職員組合のなかでも大きな議論がありました。

前川：なるほど。たしかに能力別というか、エリートと非エリートを分けるみたいな部分がないとはいえない。特に中高一貫教育なんかはまさにそうです。あれはもう明らかにエリート養成という方向を向いてますから。

でも、義務教育のあとの高等学校教育になると、個性を伸ばすとか、多様な進路を考えなければならず、同じ教育というわけにはいかないはずです。やはり一人ひとり、6学科のなかで調理もあればロボットもある、そういう学校が必要になってくると思います。この新座のいいところは、地域にあって、地域の子どもが来るんだけど、そこにいろんなバリエーション、選択肢があって、多様性があるという、それがものすごくいいところです。

臨時教育審議会（1984年設置）の頃ですが、臨時教育審議会は個性重視の原則ということをいっていました。一人ひとりの学習ニーズというものをだいじにしていこうということです。それから、もう一つは、生涯学習社会をつくりましょうといっていました。

ここで重要なことの一つは、生涯教育ではなくて生涯学習といったことです。学習者本位で考えていこうということ。学習者が学校の内外を通じて学ぶ、それから、学校を出たあとも学ぶ。そういう生涯学習の基礎をつくる場として学校というものを捉えなおしていこうという考え方です。社会はいろいろ変化する、学習者もそれにあわせて対応していかなきゃいけないから、国際化とか情報化とか、変化に対応できるような学校にしていきましょうということを臨教審がいいました。

私たちは、臨教審答申は文部科学省に喝を入れてくれたと思っているのです。それまでの文部省（まだ文部省でした）は非常に沈滞していたわけです。そこに、これから新しい教育のあり方が必要だという非常に強いメッセージをくれたと思った。ただ、たしかに批判されるべき部分もありました。

中高一貫校は、臨教審答申のなかでも出てきます。これを制度化するときには、受験競争を低年齢化させないようにというので、公立の中高一貫校の中学校の入学者選抜は学力検査では行なわないと、学校教育法施行規則に書いてある。ところが、実際には学力検査という名前ではなくて適性検査という名前でやっているのです。中身は学力検査です。結局どこの公立中高一貫もみんなやっぱりエリート養成になってしまった。多様化といいつつ、そういった選別になっているという部分は否定できないところはある。

しかし、一人ひとりに応じた学習と考えたときには、たとえば、数学がものすごく得意で、中学生の頃から大学の数学をやっているような子もなかにはいる。それから、やっぱり逆に超苦手で、ちゃんと義務教育の段階でフォローしてもらえなくて、十分な学力がつかないまま高校に行ってるという子が相当いるという現実もある。先ほど、九九もできない子がいるとおっしゃった実態は現実にある。それを、学習指導要領どおりにやればいいんだからといって同じようにしたらいいかというとそんなこと絶対ないと思っています。

わからない授業をずっとだまって聞いているよりも、一つひとつわかること、わかるものを克服していくということがだいじだなと思います。そうすることで一人ひとりの子どもたちも、やればできるんだという自信もつくでしょう。授業がわからない子どもがとにかく教室に座ってなきゃいけないっていう状態。これは中学校でも高等学校でもけっこう多いと思います。それよりやっぱり一人ひとりに応じた形のものをつくっていくほうがいいと思っています。

学習するための言語を獲得できない

青砥：だけど、そこがむずかしいですね。ぼくは今、生活保護世帯の学習支援事業をさいたま市からの委託でやっています。さいたま市だけで11教室あります。さいたま市は130万人の町です、そこに11教室あって、生活保護世帯の中高生と、ひとり親世帯の中学生（児童扶養手当の全額支給の家庭だけですが）、350人ぐらいの生徒が来ています。それをほぼ同数の300人ぐらいの学生たちのボランティアが支えるというシステムです。

学力の問題でいうと、生活の困窮などさまざまな困難を抱えた子たちにとって、高校を中退していく要因として一番大きいのは、学ぶ場に適応できない、つまり、学力がまったくついていないことです。学力がつかないというのは、その前段の学習意欲もついていない。それから、もう一つ分析的にいうと、学習言語を獲得できていないのです。これはもう決定的といっていい。数学、理科だとか英語ができないという前に日本語ができていない。それをものすごく感じます。外国人の子のなかには、母語すらできていない子どももいます。私たちの団体は外国人の子どもも支援していますが、本当にむずかしい。苦しんだり、悩んだりするために必要な言語をもっていないのです。

その子たちは小学生段階から辛かったと思います。ところが、中学になるといいことは、不登校という手段がある。今では登校拒否とはいいませんが、別の言い方を使うと「学習拒否」といえます。その子たちにとっては、自分を生きていくためにはもうやむをえない手段です。決してメンタルな問題だけで登校拒否、不登校になるわけではありません。もちろん、発達障害の子も多いのですが、貧困層のなかに発達障害がまったくチェックされずに放置されているということも多いのです。

家庭のなかでの言語環境、語彙の獲得数、そこから差がついているわけです。幼児教育、それから、幼児期の言語環境、そういう問題になってくる。どこでそれをカバーしていくかということになると、欧米のような就学前教育をやるのかということなのか、それとも、就学期に学校にはいってからきちんと言語環境を重視するシステムをとりいれるのか。どっちかをやっていかないと、学習言語がほとんど身についてない。とりわけ貧困層の子は大きなハンディをもったまま学校ではさらに大きな差がついてしまう。

そこまで到達してない子たちに学校で勉強しましょうといっても、国語（日本語）ができないのだから問題文が読めない。算数でこの問題をやりなさいといっても何を意味しているのかわからない。

何割かの子どもたち、ぼくはおよそ2割だと思っていますが、2割ぐらいの子どもはずっとおいてけぼりになって、中退をしないまでも、学校のなかの学習にほとんど適応できていない。それが今の日本の現実じゃないかなと思います。定時制の先生たちからは、先生と生徒との会話がつながらない、という訴えもあります。非常に厳しい状況です。そこで、ぼくらは、今、学校の外で子どもたちの支援事業をやっているのです。

前川：対象は中学生、高校生ですね。

青砥：そうです。おもに二つの事業を行なっています。一つは居場所づくりです。これはさいたま市では「若者自立支援ルーム」の事業です。もう一つは学習教室です。これは厚生労働省の生活困窮者自立支援法の枠組みを使っています。「若者自立支援ルーム」というのは、さいたま市からお金が出ていて、国のお金ではありません。

加えてもう一つ、「埼玉県地域の多様な人材とのネットワークによる高校生自立支援事業」。長い名まえですけど、これは埼玉県の教育委員会が独自でやっています。定時制高校の生徒の面談をして、課題を発見して、中退を防止しながら、外部資源につないで、卒業後は就労につなぐという事業です。

埼玉では、2016年8月に東松山の都幾川の河川敷で16歳の少年の殺害事件がおきました。14〜17歳の少年5人による少年殺害・遺棄事件です。被害者も加害者も高校生の年齢の子どもたちは全員定時制を中退した子たちです。それから、殺した側には3人の中学生がいました。この中学生たちは不登校でした。不登校と中退の中高生がグループをつくっていました。グループから離れたいという高校を中退した若者を、都幾川という東松山の河川敷で、川のなかにつけたり、石で殴ったりして殺してしまった事件です。

学校のなかに居場所がなくて、家庭にも居場所のない子たちのなかで起きた事件です。そういう事件をくり返すまいということで県がはじめたのが、「地域の多様な人材とのネットワークによる高校生自立支援事業」です。

前川：あの事件がきっかけですか。

青砥：そうです。それで、ぼくはこの事件が起きたあとは、いくつかの新聞のインタビューを受けると、どうしても学校に対して批判的な意見をいってきました。校長が、こういう事件は二度とくり返さないようにしようとか、市の教育委員会が、こういう事件が起きないように命の大切さについて訓示するとかがつづいたわけです。

「そんなことをつづけていても、なんの意味もない」というようなかなり辛辣な批判をしていました。そんな頃に、県の教育委員会から、あなたの団体で事業をやってくれないかということになってしまった（笑）。

家族崩壊という現実

青砥：定時制には1～2割ぐらいの外国人の子どもがいる。それから、ご存じだと思いますが、入学する生徒の半分は中退していきます。どこかでフェードアウトします。2年のときに編入してくる子もいるし、1年から入学してくる子も。4年間もつのは奇跡にちかいです。3年次にはいってきた子は卒業できます。2年ぐらいだったらなんとか。1年から4年間つづけるってなかなかたいへんです。

前川：たとえば3年からはいってくる子というのは、どこかで全日制で2年までやってきていますか？

青砥：そうです。全日制を中退した子が編入してくるわけです。そういう子どもたちの話を聞くと、大変な人生を生きている生徒も多い。16歳で虐待経験者も多く、家族の崩壊で親から離れて、一人で生活し、学校に来ている、そういう子もいました。それから、23歳の子は、早くお母さんが亡くなってしまって、お父さんは家族を解散してしまったといいました。16、17歳のときに家族を解散して、お父さんは田舎に帰っちゃった。

前川：解散って、そんなかんたんに解散していいものなんですか。

青砥：子どもだけ残されるわけです。子どもは食べていけない。しかたなく子どもたちだけでアルバイトしながら、食いつなぐ。ようやく定時制に通って、23歳までかかったけどなんとか卒業しました。いまアルバイトをしている会社で正規社員として勤めたいっていってるんだけど、結局アルバイトのままです。

前川：家族を解散なんて、そんなこと……。

青砥：逃げちゃうんです。

前川：ようするにほったらかし、ですか。

青砥：逃げちゃう。子どもを捨てちゃうんです。そういう家族はけっこうあります。ある定時制に通っている2人、男の子と女の子のきょうだいがいます。その子たちのお父さんとお母さんが、DVもあったしいろいろあったようですが、お父さんとお母さんが両方とも相手をつくっちゃった。そして、子どもたちだけ置いて、それぞれ相手のところに行っちゃった。

前川：またひどい話だ。

青砥：若くして子どもをつくった家庭では、子どもを置いたまいなくなるケースがけっこうあります。それから、何回も結婚といいますか、パートナーを何回も変えるとか、複数パートナーとの性行動とか、相手をどんどん変えていく。そのたびに女性は子どもを産む。男性も子どもをつくるけれども、たとえば最初につくった子どもがどうやって暮らしてるかなんていうのはほとんどわからない。だんだんアメリカ化してきているといえるのでしょうか。

前川：もちろん養育費なんか払わないわけですね。

青砥：もちろん。行き場をなくした子どもはまずおじいちゃんおばあちゃんのところに行く。それから生活保護を受けるというケースもある。そういう生徒たちが、定時制に行くと相当数います。

前川：高サポプロジェクト（高校生自立支援事業）でもそういう子が多いですか。

青砥：多いというところまでいかないけど、相当数いることはまちがいない。

前川：高サポプロジェクトでは、具体的などんな支援をしているんですか。

青砥：まず面接をします。定時制の高校では生徒の数がだいたい80人から100人以内です。4学年でそのぐらいの数ですから、全員を授業のどこか、学期末の採点時期とかそういう時期に面談時間をつくって面接をします。面接時間は1人あたり20分から30分です。今どういう暮らしか、何か困ったことはあるか。それから、日常生活でいちばんたいへんなことはなにか。それから、勉強はどうか、進路はどうかなっているかというような話を聞きます。話せる子もいるし、話せない子もいるけれども、とにかく順番に聞いていきます。それをまずやります。

それから次の段階です。課題があるなという子どもは改めて2回目、3回目の面談を入れます。そのあとは、ソーシャルスキルトレーニング（SST）をやります。たとえば、一番初歩的なのは、お金を貸してくれといわれたときの断り方。それから、万引きしてこいといわれたときの断り方。それから、友だちと話をしてるときに同意をする、いいよねと相手をほめる方法。そういうソーシャルスキルトレーニングの一番基礎の部分を全員向けにやります。

その次には、ぼくらの団体はさいたま市内のロータリークラブとわりと仲良くしているので、ロータリーの社長たちにきてもらって、「働くってどういうことだろうか」という話をしてもらいます。そういう人たちは自分で会社をつくった人が多いので、自分も工業高校出身だという話もある。工業高校を出てからどうやって会社をつくったのかという話を生徒の前でしてもらいます。

前川：そこでいろいろなロールモデルに触れるわけですね。

青砥：そうです。

前川：ロールモデルはだいじです。

青砥：ほんとうにそうです。しかし、家族のなかにロールモデルが存在しない子も少なくありません。

前川：たしかに、先ほどのお話では、親はモデルになりません。

青砥：先ほどお話ししたように足を引っぱる親もいるのです。

前川：児童養護施設にはいっている子はいますか。

青砥：もちろんいます。児童養護施設から定時制に通っています。

前川：ひどい親の元にいるよりは児童養護施設のほうがいいだろうと思います。

青砥：ぼくたちの活動は、なんといえばいいか、学校教育のなかでこぼれ落ちた生徒たちを支える活動といったらいいのかもしれません。

それから、もう一つは、外国人の子たちがとても多い。外国人の子たちは、日本で生まれた子と、外国生まれで親と一緒に来た子と両方がいます。そこでちょっと差は出ますが、いずれにしろ日本語のリテラシーに課題をもってるということでは共通している。話すことはできるけども書けない。母語をもたず、親との会話もむずかしい子どももいる。
前川：そうですね。埼玉だとどの国の子どもが多いですか。
青砥：最近はベトナムの子どもが増えました。中国も多い。数のうえでは中国です。
前川：もともとは中国が多いのでしょう。
青砥：もともとは中国が多いのですが、最近ベトナムが増えました。言葉をどうするか。もともと母国の学校では勉強ができたのに、日本に来たために言葉がわからないので「劣等生」になってしまって、誇りも失って学校に来られなくなった子どもも少なくないです。それから、地域のコミュニティーにどうかかわらせるのかとか、生活のところからかかわっていかないと支援はむずかしい。

高校中退者・ニートのための学習支援が必要だ

前川：でも、この問題は、かかわろうと思ったらほんとうにどんどんかかわらなきゃならなくなっていくでしょう。つまり、撤退はできない。子ども一人ひとりにかかわるのはものすごく大変なんじゃないかと思う。それぞれかなり根深いものを抱えてるんだろうと想像します。どこかでギブアップということにならないのかなという気がしますが。
青砥：いや、おっしゃるとおりです。ぼくは元々は教師で、高校の教員を退職してからは大学に行って、研究活動をやろうと思っていました。この活動をするようになってそれどころではなくなってしまった。

ぼくは高校の教員だったときから地域でボランティアをやっていました。生活保護を受けている生徒の家族、ひとり親、外国のお母さんたち、学童の先生、保育所の先生など、いろんな人から話を聞く会というのを2か月に1回くらいのペースで、20年ぐらい埼玉県の桶川で続けていました。そのおかげでボランティアをやるのはむずかしいことではありませんでした。

２０１１年に当時教えていた大学生たちといっしょに「たまり場」をつくりました。学生たちといっしょにつくったのはいいけれど、たしかに途中でやめられなくなりました。

たとえば最初につくった「たまり場」では遊んだり、交流する場所と学習する場所の二つの部屋をつくりました。それから学習支援事業を市から委託を受けてはじめました。次は「若者自立支援ルーム」といって、これは「たまり場」のさいたま市の公設版といえます。これは、月曜日から金曜日まで毎日開いています。「たまり場」は土曜日だけ。さらに、就労のサポステをはじめた。つぎは高校生の支援事業。どれも必要です。

入り口から出口というけど、みんな大事です。ただ、これでもカバーしきれない子たちがいます。

２０１８年から文科省の事業がはじまります。生涯学習教育です。

前川：中学版は地域未来塾をやってますけど、それの高校版ですか。

青砥：高校中退生の学びなおしです。しかも学校外でやる文科省の事業です。それはとってもいいと思っていて、それに手を挙げようと思っています。まだ最終的に決まっているわけではありませんが……。

前川：そうか、文科省もいいこと始めたな。中退した子をどうするかっていうのはほんとに大きな課題だったと思います。これまでも中退を防止するということは細々とやっていましたが、中退者を学校へ戻すとりくみはまったくやってこなかった。中退した子どもについて、サポステは就労のほうを向いている。

ニートっていうのはNot in Education, Employment or Training、教育・就労・訓練にいないということだけど、ニート対策といったときに、就労Employmentのほうの対策、厚生労働省はそっちを向くわけです。だけど、ほんとは教育Educationのほう、外れてしまったけれど、もういっぺん学習のほうに向けていくというそういうサポートの体制が必要だとずっと思っていました。ところが、それがない。文部科学省には、教育委員会、学校というツール、公民館や図書館みたいなツールはあるけれど、それ以外のものがないものだから、そんなところに来ない子、そこから外れていってしまった子をつかまえようがない。なんとかそういう子たちに学び直しの機会をつくってあげたいなということを、ずっと思っていました。放置しておけば、糸が切れた凧みたいな状態です。

そういう仕事ができる人は幸せです。自分のやってる仕事が役に立ってるという実感がもてる。青砥さんのような人を通してですけど、間接的であっても、生き甲斐というか、やり甲斐を感じられる仕事だろうなと思います。私はそうじゃなかった。政治家とのつきあいみたいな仕事ばっかりさせられてたから、文科省のときは非常に不幸だったのです。

青砥：さいたま市でも貧困層が多いところは、公営住宅が集中しているところで、小中学校のときから親に放置されて、夜はなかなか家に帰らないでフラフラしています。ご飯が待ってないからです。そういう子たちのために、食べる場をつくる。それから、居場所をつくる。さらに宿題をやる場をつくる。文科省が今考えてるのは、中途退学した子たちをどうやって引き留めて居場所をつくるか。そこから学ぶ場所、高校にもう一回つないでみるとか、進学を考えてみるとか、そういうことをやれないだろうかということです。

前川：そういう事業が必要だという話は、私の現職のときもしていたのですけど。どういう形でつくったらいいだろうか、やってくれる人ってどんな人なんだろうか、やっぱり青砥さんみたいな人かなという話はしてました（笑）。だからやっぱりしかるべくしてそこに行ったようです。

青砥：まずは、プロポーザルみたいなことをするらしいので、準備をしているところです。

前川：中退するとたしかに子どもたちに十分な学力がついていない。さっきのお話のように学習言語の能力も不十分だとか、意欲をなくしているとか。それまでの学習歴のなかに十分なケアをしてもらってないということがあったと思うし、親の問題ももちろんあるでしょう。でも、その親を責めたってはじまらない。

青砥：まったくそのとおり。

前川：子どもはもうそういう境遇に置かれてしまったわけだから。よく「親が悪いんだ」ですます人がいるんですけど、それでは解決にならない。「親がしっかりしないからいけない」といっても、「しっかりしない親の元に生まれて育ってしまった子どもをどうすればいいんですか」。それは社会で受けとめてなんとかしてあげなきゃいけない。子どもの貧困といったときにお金だけの問題とはなりません。

青砥：そうですね。

前川：居場所がないとか、ご飯が食べられないとか、勉強する場所がないとか、勉強を教えてくれる大人がいないとか、そういういろんな不利な条件が重なっている。でも、やっぱり決定的なのが、私は高校中退かなという気がしています。高校中退にならないように、あるいはなった子どもがもういっぺん学びに戻れるようにするのはものすごく大事だと思っています。

それは子どもに原因があるというよりもシステムに問題がある思う。まず、学校も子ども一人ひとりに必要な学習の機会を提供してるんだろうか。そこに相当大きなミスマッチがあるのではないか。子どもが必要とする学習と、学校が提供する教育とのあいだに相当のミスマッチがあって、それでドロップアウトが増えていくのではないか。その子どもに本当に相応しい学習の機会をつくってあげるということが必要だと思っています。

たしかに、学校は集団教育の場だから、一人ひとりにすべて応じるということは、実際問題として不可能かもしれない。しかし、できるかぎり一人ひとりに応じていく、それから、授業が全然わからないのに教室に座らせておくみたいなことは、もう無くしていくということが必要です。そのためには、高等学校の学習指導要領をもっと弾力化したほうがいいと思っています。

高校入学率は98パーセントでも、卒業率は9割に減る

青砥：ぼくは10年前に『ドキュメント高校中退』（ちくま新書）という本を書きました。その前から現実はものすごく格差があって、進学校は、指導要領を守っていません。

前川：家庭科をやってなかったり。

青砥：ところが、しんどい学校は、なんとか指導要領をこなそうという努力はするんです。生徒たちにわけがわからないけど教科書は買わせるわけです。教科書を読めなくてもですよ。歴史の教科書なんてどんなにやさしくして記述を少なくしようが理解できないと思います。

前川：文部科学省は制度をつくると制度を維持することのほうに力を注ぐんです。実態や子どもたち、人間を制度に合わせようとする。だけど、ほんとうはその逆でなければならない。そこにいる子どもたちに合わせて制度のほうを変えていかないといけない。私も、文部科学省の若い人たちに、学習指導要領って上の段階にいけばいくほどフィクションになっていくっていう話をしたことがありました。

青砥：そのとおりですね。

前川：高等学校の学習指導要領は、ほとんどフィクションだと思います。

青砥：まったくそのとおりです。

前川：それにもかかわらず、「いや、指導要領がありますから」といって、検定教科書使用義務を課してるわけです。高等学校進学率が40%とか50%という時期であれば、それはそれですんだかもしれないけど、98%が高校進学するわけです。しかし、他方で高校中退率という数字がありますが、これが1.5%ぐらいです。1.5という数字は、在籍している高校生のうち1年間に辞めた子の数です。入学した子のうち卒業する子が何割かという数字はない。文部科学省は統計を取っていません。だけど、全体として数%やめているというのはまちがいない。

青砥：そうです。7％から8％はまちがいなくやめていると思います。

前川：だから、98％進学といっても実際には90％そこそこしか卒業はしていなくて、残りはドロップアウトしている。

文部科学省というのは旧文部省の頃から、教育の量的拡大ということを求めつづけてきました。高校進学率や大学進学率という指標をものすごく大事にしてきた。高校進学率はもう98％を超えて限りなく100％に近づいてきた。しかし、そのうちどれだけの生徒がちゃんと卒業しているのか、その数字がない。高等教育でも、中退をちゃんと見ようとする調査をしていません。

青砥：ぼくは『高校中退』を書く前に、ある学会の論文で、高校中退と学校間格差の話を書いたことがあるのです。これは2004〜05年頃で、ほとんど注目されなかった。「中退」という言葉に教員や学校レベルでもあまり関心がないし、学会ではもっと関心がない。もちろんメディアでもそれほど関心がない。ぼくは、『高校中退』という本を書いたときに文科省の初等中等局に聞きました。「1学年の中退率を出すのに、どうして全在籍数で中退者を割るのか。学校の在籍数で割れば数字は薄くなる、3分の1になりますね」。どうして入学から卒業までに減じた数を入学者で割るということを考えないのと聞いたら、「いや、今までこうやってきましたから」という返事でした。

前川：前例踏襲です（笑い）。文部科学省の人間も、中退率が何割なのかというのをわかってない人が多いでしょう。1・4％か1・5％、ひところより少し減ってきましたけど、多いときには1・7％ぐらいあった。でも1・7％ということは、実際はその3〜4倍が辞めているわけです。卒業できずにいる。少なくとも5〜6％いるだろうなと思っていましたけど、その数字がないというのが問題です。

青砥：『高校中退』を書いたとき、ぼくは、学校基本調査でわかる範囲内の数値で中退者数と率のグラフを作りました。全国で一番多い大阪が12％ぐらいでした。入学者は、学校基本調査ですぐ出てくる数です。それから3年後に何人卒業したか。追いかけていけばすぐにできることです。多いときは1年で10万人以上の高校生が中退をしていた。2000年より少し前には中退した生徒は10万人を超えていたのです。今では、子どもの総数が減ってるから、5～6万人になってますけど、率としてはたいして変わりはない。

教育行政の専門家のなかには編入や転学は中退数・率を「減らす」ための一つの方策だといっている人もいます。退学したあとに通信制や定時制にいくわけです。通信制や定時制に行くけど、そのあと卒業したのかどうか、追跡も何もない。どこかでフェードアウトしてしまっている生徒が多い。

前川：通信制を卒業するのは大変です。全日制に行く子よりもずっと意欲ややる気がないともたない。

青砥：そこを続けさせるシステムを通信制はつくっていかないといけません。定時制もおなじです。しんどくて全日制をやめた、勉強が身につかない、仲間ができない、いろんな発達系の障害で苦しんでいる。外国の子どもは言葉ができない。夕方5時に学校に行って、9時、10時までいて、それから翌日またアルバイトしてる子もいる。あの定時制の子どもたちの生活を見ていると、遅い子は10時、11時に学校を出ていくわけ。自転車で帰っていく。交通費がないからです。だから雨の日も風の日も自転車で帰っていくという真面目な子が来ている。でも、だんだん来なくなる。今日は10人来てるな、でも、翌日は5人ぐらい。毎日ちがうわけです。そこにいろんな問題が起きる。卒業するモチベーションを維持する、これは大変なことだと思います。

前川：そうです。

青砥：こんなしんどい高校生活をよくがんばっているな、というのが、何日間か定時制の高校を見た率直な感想です。生徒たちと話してみると、ものすごい課題をもった子たちばっかりです。そういう子たちを支えるシステムに一番お金をかけなければならないのに、かけていません。残念だけど。

前川：そうですね、お金をかけていません。文科省も、いわゆるいい学校を贔屓するような制度が多い。スーパー何とかスクールとか、それがまたとてつもないお金をかける。高校1校にかけるにはちょっと多すぎるというぐらいのお金です。特定の学校にお金をつけるという、これは旧文部省ではやっていなかった手法です。文部科学省になって科学技術庁と一緒になったときに出てきた発想です。旧科学技術庁のほうから出てきた政策としてスーパーサイエンスハイスクール（SSH）というのがあって、いいものにドーンとお金をつけるという考え方です。文部省的な考え方は、みんなにまんべんなくお金をつけるという考え方です。

一つの高校に何千万円というお金をボーンと渡したりする。それですごくお金のかかる装置を買ったりして、一点豪華主義的な感じです。たしかにできる子を伸ばすっていう、未来のイノベーターをつくるということであれば、政策目的と政策手段としてはあるのかもしれませんけど、同じお金をドロップアウトしかねない子どもたちのために使えばと思います。

「手をさしのべる」行政サービスが必要だ

青砥：前川さんと寺脇研さんが、お書きになった『これからの日本、これからの教育』（ちくま新書）で、共感したのが、「マイノリティはマジョリティである」というところです。障害をもった子がいて、それから、ＬＧＢＴの人がいて、たとえば貧困家庭の子どもは16％で、ひとり親の家庭は８％で、発達障害は小中学生の6・5％であるというふうにずーっと並べています。さらに被差別部落であるとか、アイヌの人であるとか、在日コリアンであるとか、不登校であるとかっていう、こう全部入れていくと、決してこれはマイノリティじゃない、マジョリティだと書かれている。

教育ってほんとはそこからはじまるものだと思います。近代の公教育とは何かなんていう言説をもちださなくても、やっぱり一つには、社会統合の機能をもたなくてはいけない。そうしないと社会が分裂してしまう。それから、階層移動が可能な場でなければいけない。チャンスがなければいけない。だから、階層移動のチャンスを奪われた公教育はもう公教育の役割を果たさない。アメリカの今の現実を見てもそうだし、日本もだんだんそうなりつつある。

前川：階層の固定化がはじまっています。階層を固定化させずに、階層間の流動性を確保するというのは、これは教育の部分でしかできないことだと思います。親はどんな親であれ、とにかく子どもにはチャンスを与えないといけません。「親の因果が子に報い」なんて言葉があるけど、それをやってはいけません。どんな親の元に生まれた子どもでも機会を与えていく、機会がつかめるようにしていくというのが大事です。

子どもの貧困対策については、今の政府も一応子どもの貧困対策にかんする大綱をつくったり、そのなかで各省でやれることはやりましょうとかけ声はかけてます。文部科学省もここのところ、お金の面ではかなり進んできた部分もあります。高校無償化制度ができました。民主党政権時代にできたものと、自民党公明党になってから所得制限がはいったりしてちょっと変わってきてはいますが。しかし、安倍政権になったあとで、給付型奨学金もつくった。高校生のための給付型奨学金というのは、私は安倍政権のやったいい政策として評価すべきだと思っています。私が局長のときにつくったものですけど（笑）。そういうお金の面では今度、大学生のための給付型奨学金もできました。まだほんのちょっとなので拡充していかなきゃいけないし、この大学に行ったら出すけど、この大学に行ったら出さないみたいな、大学の選別に使おうとしているというところがあって、これはきわめておかしな話、危険だと思っています。

それからもう一つの課題は、学力格差です。学力格差が進学機会にも跳ね返っていくわけです。高校進学率と大学進学率とを比べたときに、児童養護施設の子どもと生活保護世帯の子どもと比べると、高校進学率は児童養護世帯の子どものほうが圧倒的に高い。児童養護施設の子どもたちは通常の家庭の子どもと同じように98％以上が高校進学しています。ところが、生活保護家庭のほうはそれが有意に低くて、高校進学しない子が相当いる。ところが一方で、大学進学になると、生活保護世帯の子に比べても、児童養護施設出身者は18歳から先の進学機会がものすごく低い。そこで袋小路になっています。これは明らかに経済的な理由です。厚労省も文科省も、そこにお金をつけましょうという政策をはじめたので、児童養護施設出身者で高等教育、大学や専門学校に行きたいという子どものための経済サポートはこの2、3年のあいだにだいぶ進んだと思います。これからさらに拡大が見こまれる。

ただ、授業料の負担が減ればそれでいいかというと、仕事しないでも勉学ができる条件をつくらないとなりません。だから、生活の支援が必要です。そのためには給付型の奨学金で支えてあげなきゃいけないと思います。それがやっとできるようになってきたという感じですけど、生活保護家庭のほうが、やっぱりしんどいことが多いんじゃないかなという気がします。児童養護施設の子どもは曲がりなりにも、一定のケアはされているでしょう。

青砥：一応キャッチできてる、そこで暮らしているからです。ところが生活保護世帯の子とかそれ以下の子たちというのは、学校でケアしないといけないんだけど、学校に来なくなると先生たちもキャッチできなくなってしまう。「もう自分は放っておいて」「これ以上いらない」という。ひとり親家庭でも、親たちの「子どもに任せてますから」、そういうような反応がとても多い。

生活困窮者自立支援法の学習支援事業があります。ぼくらは学習支援事業の全国調査をやりました。全国のデータを自分たちで調査しました。全国でだいたい25万人ぐらいの（生活保護世帯の）学齢の子どもたちがいる。だけど学習支援事業に来てる子は2万人くらいです。つまり10分の1以下です。学習支援事業は無料の塾です。無料塾でも来ない。

もちろんシステムに問題があるだけでなく、どうしてこの子たちに学ぶ意欲が育ってないのか。いちばん困難が大きい子たちがなぜ来ないのか。もっとも困難を抱えた子たちのところに支援が届かないのはなぜか。親も子も両方とも意欲がなければ来ません。そこにほんとは光を当てないといけない事業だけど、それがなかなかできない。学校はもちろんできない。学習支援事業には不登校の子も相当来ています。さいたま市の学習支援室に来ている生徒の約2割が不登校です。さらに困難なところにいる子どもに届かない。

どうやってそこに支援の手をのばすか。その子たちと話ができるような状況をつくるのか。なんとしても学校とも連携しないといけない。アウトリーチが必要で、行政と民間で情報の共有も必要です。ようするに教育と福祉、民間と行政との連携をやらないといけない。そうした事業のつくり方がまだまだむずかしい。まだはじまったばっかりですが……。

前川：たしかに学校は、来た子どもたちを集団として教えるというのが基本的な仕組みだから、来ない子に対してはどうしようもないというところがある。ただ、公立の義務教育の学校というのは、学籍簿というものがあって、選択して私立に行く子は別ですけど、公立の義務教育の学校というのはすべての学齢の子どもを一応把握しています。少なくともどの子がどこに住んでいるかぐらいのところまでは知っていて、その子が来ていないということも知っているわけです。だから、不登校の統計も取れるわけです。不登校の実態は知っているけれども、それをどのように改善するかというところまでは学校ではできないということです。

かつては、なんとか学校に戻そうと、先生たちもいちいち家庭訪問して、さあ学校に行こうといって手をつかんで引っ張って行ったり、クラスメイトを連れていって、「一緒に行こうよ」とか、さんざん登校刺激をしたり、登校を促す行為をした。今はそれはかえってよくないっていうことが常識化してしまって、そういうことをあまりしなくなっています。逆にしなさすぎるんじゃないかっていうところがある。

この前もあるお母さんから相談を受けて、「うちの子は不登校なんです」と、「そうですか、じゃあまあフリースクール探したらどうですか」みたいなことをいってみました。そしたら、「でも学校の先生が何もしてくれないのが不満だ」というのです。最近は学校の先生たちも、「ああ不登校ですか、じゃあ、いいフリースクール探してください」となる。かつては無理やり登校させて問題が起きたんだけど、今はね、ひょっとすると学校から切り捨ててしまう。「不登校はもう来なくていいんだよ」という、責任放棄してるという懸念がある。

少なくとも学校は、この子が来ていない、だからどこで何しているかわからないという状態になっていることはわかっているわけだから、そこを埋めるようなやっぱり行政サービスがなきゃいけないんだろうと思います。アウトリーチ型（手をさしのべる）です。

いま、文科省の政策として細々とはじめてるのはスクールソーシャルワーカーです。スクールソーシャルワーカーが、かつて担任の先生が一軒一軒、家庭訪問するというようなこと、その一定の部分を肩代わりしています。そこで課題を抱えた子どもたち、子どもの家庭、その親とも接触していく。これがほんとに深刻なケースであれば、児童相談所につなぐようなこともするでしょう。そうしたアウトリーチ型のあいだを埋めるような政策をもっと充実させていかないと、いちばん支援が必要な子どもに届かないという問題があるんだろうと思います。

青砥：そうです。たとえば、私立の通信制高校などに行ける子はいいと思う。家庭もお金をもっている。ぼくらが対応している子どもたちで学校に行けない子たちは、そんなフリースクールどころの話じゃないし、教材も買えないし、ご飯だって食べられないような子たちも相当いる。そうとらえると、階層的に不登校とひきこもりというのは連続して、そのあいだに中途退学がある。

だから不登校・中途退学というと、もう背景にまず貧困問題をやっぱり想定しないといけないはずです。それがしかも、特定の学校と地域で集中的に起きている。これはその学校に行けばすぐわかる。そこでは就学援助率が高い、就学支援金の受給率が高いということになる。

ぼくも親しい地元のスクールソーシャルワーカーがたくさんいますが、皆さん嘆いていて います。問題意識があるかたであればあるほど嘆く。何をしていいかわからない、誰と相談していいかわからない。もうどうにもならない子どもたちが地域にあふれている。学校に来られない、虐待を受けている。ネグレクトを受けている、虐待を見つければ、子育て支援課と連動しないといけない、これでもそれがうまくいかない。学校でも校長さんとしか話ができない、先生たちと話ができない、という現実のなかで、みんなが悩みながらその職に就き、ほとんど手が届かない、これが今の多くの学校や子どもの現実です。成功事例ももちろんあるけれども。

前川：たしかに、スクールソーシャルワーカーをただ配置すればいいというわけではない。スクールソーシャルワーカーの人にいろいろなツールをもたせてあげなければなりません。

青砥：そうです。たとえば家庭のなかに行く、家庭の個人情報に対して、その家庭の個人情報を他の行政機関に伝えてもいいかとか、最初に承諾書をもらうとか、それを教育委員会や学校があいだにはいってスクールソーシャルワーカーの人たちがもっと働きやすいようにする。それはぼくたちの活動も共通したことで、ぼくらの団体も子どもに学習支援をやってますけど、家庭にもアウトリーチをするわけです。来ない子の家に、うちの若いスタッフが訪問して、それから、その家庭の事情を聞いたり、母親や本人からどういうふうな状況なのか、その訴えを聞いたりする。ところが役所によっては、住所などいっさい教えない。学校にも差があるわけです。学校でケース会議を開こうと呼びかけても、「個人情報は一切出しません」といって門前払いをする学校もある。

前川：そこはガイドラインみたいなものを文科省が音頭を取ってつくるべきでしょう。

青砥：そうしてほしいですね。

前川：個人情報を漏らしたと非難されるのを（極度に）怖れるというのは多いです。それじゃアウトリーチがしにくくなります。

青砥：できませんね。学校で受け入れられなかった子どもたちに学習支援というのはとてもいい事業だと思います。でも、これは厚生労働省の生活困窮者の自立支援法でできた事業です。ほんとは文科省がつくればもっといい事業になっていたと思う。ぼくらが去年やった全国調査で、面白かったのは九州のある市です。そこで厚生労働省の生活困窮者自立支援室にいた専門官で秋田の人で佐藤博さんという優れたかたがいて、２人で一緒に行ったんです。行ってみると、この市のいいところは、教育委員会が前面にいて、福祉部局とともに地域未来塾の事業と生活困窮者自立支援法の事業をセットでやっている。

前川：セットですか。

青砥：生活困窮者自立支援法の事業の予算のほうがはるかに大きい。予算は10対1ぐらいになるわけ。だけど、子どもを教室に誘導するときに学校が選ぶわけです。「あなたとあなた、あそこでね、ただの塾を、先生方が見てくれるから行っておいで」といって行かせる。そのなかに生活保護世帯の子どもも入れているし、就学援助対象世帯の子どもたちも入れる。だけど、あくまで、選別主義ではなくて、ユニバーサルに、必要な子どもたちに届くような事業にするので、いくつかの法や制度をまたがる世帯の子たちも来るわけです。混合になるので、子どもたちに被差別感はない。それは教育委員会が前面に立つからそれができる。だけど、実質、後ろで、その子たちのアウトリーチをしてるのは福祉部局のケースワーカーです。教育委員会ではない。

前川：なるほど。ベストミックスです。それはものすごくいい方法です。二枚看板で、文部科学省と厚生労働省があちこちで重なってる。幼稚園と保育所と、それから、放課後の子どもたちの放課後児童健全育成事業と、放課後子ども教室、これも重なってる。この学習支援も厚労省のほうがお金ももってるし積極的なんです。文部科学省は、やっぱりやんなきゃまずいかなって、後から参入するというケースが多い。だけど、厚労省はどうしてもそういう特定のターゲットに対して事業を行なうという手法しかとれないという。文部科学省の場合はみんな一緒という、建前でなければできない。だからそれを組み合わせると、みんな一緒で、課題のある子にはより深いケアができる。両方組み合わせるというのは非常にいい方法だと思います。

自治体は両方から補助金をもらえばいいし、そこで、看板を二つ掲げればいい。文科省と厚労省は非常に近いところがあるので、にたようなことをしてるなってことはお互いに意識してますから、連携しなきゃいけないなという気持ちを強くもっているんです。だから、この市の例はすごくいい事例だと思います。そういう事例をもっとどんどんほかでもやっていったらいいなと思います。

青砥：なかなかそこがうまくいかない例が多い。

前川：自治体レベルでの福祉部局と教育委員会のあいだの連携ができてないというところがあると思います。

青砥：調査でどこの行政部局でやってますかと聞くと、福祉部局が圧倒的です。そこで、どこと連携してますかっていうふうに聞くと、福祉部局内や他のＮＰＯは出てくるんだけど、学校というのが出てこない。だけど一番望ましいのはどこですかって聞いたらやっぱり学校ともっと連携しないといけないという。これ全国の自治体を対象とした悉皆調査なので、約１７００の県市町村のなかの、９０２の福祉事務所をもってる自治体から聞いた話です。

いろいろ制度ができる、でも、いったい誰がそれを担うのかというところまではできてない。生活困窮者自立支援法というのはわりと柔軟で、中身は自分たちで地域でこしらえなさいという。それは、ぼくはいいと思う。そうでないと、われわれのようなＮＰＯがここに参加するということはまずなかったと思う。地域力を掘り起こすという役割をこの法律ははたしたと思う。問題は、次の段階で、どういう組み合わせで、将来ほんとに持続的な支援力、持続的な地域づくりをできるかでしょう。この国は２０５０年には人口が８０００万人になると予想されている。で、働ける人は今の半分以下になる。そういう惨憺たる国の未来を想像すると、今、子ども支援とか若者支援を長いスパンでつくらないとこの国の未来はない。

ロールモデルとの出会いが子どもを変える

青砥：内閣府の「子供の貧困対策マッチング・フォーラム」という貧困対策がありました。その集会が2月にさいたま市でありました。そこで、ぼくがコーディネーターをやりました。トップバッターにU君というある学習支援教室に5年通った大学生に登場してもらいました。中学2年から通ったそうです。彼の家族は、ひとり親、しかもその母親は長く体調が悪く、食事の準備もU君がするという状態の2人世帯です。高校はさいたま市内にある高校にはいり、その後、彼は関東地方の国立大学の農学部にはいりました。

そこで、ゾウリムシの研究をやるんだっていっています。ほかに登場してもらった3人も全部地元の人です。子ども食堂をやってる地元の企業、地元のロータリークラブの幹事、それから、ぼくと一緒に学習支援をやってる李炯植《リヒョンシク》さん、Learning for All のリーダー。彼は優れた若いリーダーです。

そのU君が面白かったのは、彼のまわりで、親戚・家族には大卒は一人もいないといいます。自分にはロールモデルは何もない。身近にいるのは病んだお母さんだけです。ご飯も、彼が学校から帰ってつくって母親に食べさせてる、そういう家庭です。学習支援教室で大学生をはじめて見た。

ぼくも改めて考えてみました。この学習支援教室に通った5年間、リーダー役の学生たちがいれかわりました。けっこういい奴がいっぱいいました。埼大で音楽をやってたD君がいたよなとか。後に県内で音楽の先生になりました。ああ、埼大のO君がいたなとか。彼も中学の先生になりました。それから、明治のW君がいたなとか。彼はいま、高校で社会科を教えています。次から次に顔と名前が出てきました。彼らは学生だから、卒業して社会人になっていくと、交代していくわけです。

この学習支援教室は大きいので、子どもたちも30人ほど来る、学生たちもたくさん来る。U君は5年間を通じて、週2回2時間ずつ来ていました。そこでたくさんの大学生に出会いました。彼らのなかには音楽、美術をやる学生もいたし、数学が得意な学生もいる。いろんな学生たちが来る。そこでU君はものすごく大きな影響を受けた。彼の人生からは、大学にはいるなんて想像してなかった。それがその子が今では教える側にまわっているわけです。

前川：素晴らしいロールモデルです。

青砥：われわれの活動は何を目指すのかといったら、結局ロールモデルと出会う場を提供することです。だから、そこには、エリートだけではいけない。東大生がいてもいいけれど、それだけでは足りない。エリート校ではない大学の子たちが勉強を教えることも必要です。

前川：専門学校の学生がいてもいいと思います。

青砥：そうですね。ある教室には専門学校の学生もボランティアをしています。それはみんな元利用者です。

前川：それも立派なロールモデルになるでしょう。今、専門学校には27%が進学していますから。

青砥：ぼくは、やはり学校は権力的な面もあるし、できないことがたくさんあって、それをぼくらのような活動が支えたらいいのではと思っています。学校だけに全部責任を負わせないで、学校でできないことがあってもほかの場所でカバーできればいい。学校は万能じゃない。子どもたちにとって、地域にだいじな社会資源をさらにつくる必要がある。

前川：学校には自らを開いて協力する姿勢があればいいと思います。全部自分でやろうとすると無理がある。

いま、学校にはいろんな地域の人、ＮＰＯの人がはいってきています。それから、学校のなかにスクールカウンセラーとか、スクールソーシャルワーカーとか、部活動の指導員だとか、いろいろな教員ではない人たちが学校に混ざって仕事をするようになってきました。

「チーム学校」という言葉がありますけども、みんなで混ざって仕事をしましょうっていっています。これがなかなか混ざっていかないところがある。それから、教員は身分保障されているけれど、新しい専門職としてはいってくる人たちは身分保障がされてない。

青砥：そうですね。

前川：スクールソーシャルワーカーにしても、スクールカウンセラーにしてもみんな非常勤で、不安定な生活をしているという問題があって、ものすごくだいじな仕事をしてもらっているし、これからその部分を強化していかなきゃいけないのですが、その処遇がよくない。それは非常に問題だと思っています。

青砥：そうです。みんな1年契約なので、来年仕事があるかどうかわからないといいます。今頃（2月）が一番不安な時期です。将来の保障がないから、若い人はなかなか就けない仕事です。

前川：たとえば、中学生や高校生で、自分がスクールカウンセラーとかスクールソーシャルワーカーにお世話になってよかった、だから自分もなりたいんだという子も出てくるんです。でも、今の状態じゃ勧められない。

いまのままではスクールカウンセラーとかスクールソーシャルワーカーだと食っていけないのです。非正規労働者になるということですから。そこのところは制度的に国がちゃんと見なきゃいけない部分です。私はやらないまま文科省を辞めてしまいました。

こういう学習支援の核になってそこで食っていけるという人が必要です。フルタイムでその仕事をする、そういう核になる人たちをどうやって確保し、その人たちをどういうふうに処遇するのかというのを、行政の仕組みとしてきちんと考えなきゃいけないことだと思います。

教育行政の世界からみると、学校というのはもうしっかりとかたちができてるから、たとえば学校のなかに学校の職員の一類型として地域連携担当職員みたいのを置くということはできるかもしれない。でも、学校の外にポンと置くというのは、文部科学省の仕組みのなかではやりにくい。

社会教育では社会教育主事というのがあるけれど、これがどんどんどんどん縮小しています。一方で、コーディネーターが大事だといって、コーディネーターを置きましょうというのですけど、結局それはみんな非常勤です。それを専門にして、自分の生活を支えながら今の空白部分を埋めていくような仕事のできる人がなかなか確保できない。

学習への動機づけはいろいろあっていい

前川：青砥さんがしているような活動は、今ほんとうに大事な部分だと思います。お金の部分は給付型奨学金だとか、あるいは高校無償化だという形で、行政的にできる。しかも今、安倍さんは無償化だといってるわけだから、チャンスです。ただ、お金をつけることはできるかもしれないけど、子どもにとって貧困とはお金の問題だけじゃなくて、ロールモデルがないとか、ご飯をつくってくれる人がいないとか、周りの人間、大人のケアがないという問題があるでしょう。

それを補うことができるソーシャルキャピタルという言葉で表されるものがあります。そのソーシャルキャピタルをどういうふうに豊かにしていくかというそこの部分にもっと行政の政策も焦点をあてていかなきゃいけないと思います。それを担ってくれるのは結局生身の人間だから、生身の人間の善意を掘りおこすということが必要になってくるだろうと思います。私も善意というよりも、気まぐれというか、好きでやっていますが、自主夜間中学というところに2か所行ってます。一つは福島、もう一つは神奈川県の厚木市。

青砥：厚木に行ってるんですか。

前川：「あつぎえんぴつの会」です。これは自主夜間中学。いわば大人のフリースクールです。みんなボランティアベースです。行政の支援というと、厚木市の使わない施設をタダで借りてるというだけで、それ以上の支援はしてもらってない。でも、場所がタダで借りられるだけでも十分な支援です。そこに、公立の夜間中学をつくってほしいという新設要求運動をするかたわら、本来夜間中学があればそこに通いたいと思っている人たちが自主的に集まって勉強している。

ただ、中学校の勉強をしているかというとそうではない人もいて、スペイン語を勉強してる人もいたり（笑）。ボランティアしたいといって来た人がいて、70代の男性なんですけど、このかたはもともと英語を教えられるから、英語を教えたいといって来られたんだけど、英語を勉強したいという人がいなかった（笑）。ところが、スペイン語なら勉強したいっていう人がいて、「あ、スペイン語も教えられるよ」っていうわけで、その2人でスペイン語の勉強をしていました。

その2人でスペイン語の勉強をしていたら、そこにコロンビア人の16歳と17歳の姉妹が日本語を勉強したいといってやってきました。最近お母さんに連れられて日本に来て、お母さんは工場で働いてるらしい。この子たちは日本の高校に行きたいというんだけど、日本語がまったくできない。今の状態から日本の高校に行くというのはこれは相当無理じゃないかなと思いますが、彼女たちはそういう希望をもっていて、日本語を勉強したいとやって来ました。

日本語はほとんどというか、全然できないし、英語もできない。話せる言葉はスペイン語しかない。そこで、たまたまスペイン語を勉強していた、この2人のおじさんが、その2人の女の子の日本語の先生をしています。さらに、この2人のスペイン語が好きなおじさんたちは、このコロンビア人の16歳17歳の女の子がしゃべっているスペイン語を勉強してるわけです。

これがまたスペイン語を教えてた先生にいわせると、「自分の勉強したスペイン語とちがうんだよね」っていいます（笑）。つまり、スペインで大人がしゃべっているスペイン語と、コロンビアで16歳17歳の女の子がしゃべっているスペイン語とは相当ちがうらしい。

でも、意思疎通はできるので、スペイン語を使いながら日本語を教えている。そのコロンビア人の女の子たちを連れてきたのはフィリピン人の兄弟です。そのフィリピン人の兄弟のうち2人は通信制高校にはいっています。彼らもコロンビア人の女の子ほどではありませんが、日本語がかなり不自由です。青砥さんたちの学習支援で対象にしているような外国人の生徒も同じような問題を抱えているんだろうと思います。やはり学業についていけないでしょう。

青砥：能力は高いのに日本では言葉がわからないので低く見られてしまう。外国から来た子どもたちのなかには、それでめげてしまう子は少なくないです。ですから、これからぼくらの次の活動は外国人の子どもたちの居場所をつくること、安心して、ゆっくり話す練習、少なくともここに来ればご飯を食べられるという場所をつくろうと思います。さらにていねいに経費がかからない日本語を教える場づくりです。次の計画はそういうふうに考えています。

　必要なことを、次から次にはじめていきますが、結局誰が金を出すのかということが大問題です。

前川：ほんとうにきりがなくて大変だろうなと思います。

青砥：たとえば一つそういう場所をつくっても、さいたま市は130万人もいるから、一つじゃ足りないわけです。いくつつくればいいか、そういう議論をはじめると、それこそはてしがない。

　ただ、だけど現状ではゼロだから、「ゼロ」をまず「ある」というところまで、ここにプラットフォームがあるというところまでは、やってみる。一つの実験です。社会がそれをほんとうに必要だと思うかどうか、これからの社会の判断に委ねるしかないなとは思ってます。

前川：必要であることは、もう火を見るよりも明らかだと思います。社会が二極分化して、格差が広がって、中間がいなくなって、上と下に分かれてる。その中間から上の人たちには下が見えてないということが多いだろうと思う。うっかりすると、見えないものは存在しないというふうに思っているのではないか。

青砥：そうですね。

前川：私は自主夜間中学に行って、初めて完全なる非識字者に会いました。70代の男性ですが、今まで鉛筆をもったこともないし、ひらがなもカタカナも漢字も読み書きがまったくできないという。そういう人が存在するというのを初めて身をもって知りました。私が会ったときにはすでに、ひらがなとカタカナはなんとか書けるようになってました。でも、カタカナの「ツ」と「シ」の区別がつかないとか。

私が教えたのは、「東西南北」とか「赤白青」とか簡単な漢字を教えました。かなりできるようになりました。テレビの下に出てくる字幕がだいぶ読めるようになったって喜んでいました。ところが、そこまで来たらね、「もういいか」と思ったのか、来なくなっちゃった（笑）。

このかたは、九州で生まれて炭鉱で仕事をしてたそうですが、炭鉱が閉鎖になったので、先輩に連れられて関東のほうに出てきたといっていました。今はどうやって暮らしてるのか、おそらく生活保護じゃないかと思います。

いろんな境遇の人がいますね。15年ぐらいひきこもりだったっていう30代の青年もいる。それから、高校は卒業してる子なんだけど算数を勉強したいといって自主夜間中学に飛びこんできた20歳の男の子がいます。「なんで算数勉強したいの？」と聞いたら、「かけ算を勉強したい」といいます。「なんでかけ算を勉強したいの？」と聞いたら、「ダメージ計算」に必要だといいます。

ぼくにはわからないんですけど、コンピューターゲームである手段である相手を倒すと、その手段と相手によってゲットできる点数が多くなったり少なくなったりするそうです。それを「ダメージ計算」というらしい。それがかけ算しないと出てこないものなんだそうです。とにかくゲームで勝ちぬくためにはかけ算ができないと勝ちぬけない。ところが彼はかけ算ができない。そのゲームで勝ちたいがためにかけ算を勉強したいといって、それでかけ算を勉強しに来ました。

これも一つの学習意欲だな、動機づけだなと思いました。日本の学校は動機づけが下手です。子どもたちは勉強するものだって最初から決めつけてるところがある。あの手この手で動機づけしていくことが必要だろうなと思います。それがされないまままもう学ぶ態度も意欲もないっていう状態で放置されてしまった子どもたちがつぎつぎと出てきている。不登校は全然減りません。小中学校で13万人ぐらいのところで推移しています。

最近文科省が統計を取りはじめたのは「無登校」です。「不登校」は年間30日以上休んでいることをいいます。「無登校」というのは年間10日未満しか登校してない。これを「無登校」といいはじめました。不登校が、中学校だと1学年に4万人ぐらいいる、そのまた1割ちょっとが無登校です。そうすると、少なく見積もっても、たとえば中学校3年生で、ほとんど学校に来てない無登校が全国で4000人いるということになります。

3年ぐらい前から文部科学省が手のひらを返したように、全国に夜間中学をつくりましょうといいはじめた。政治の風が変わったからですけど。これから夜間中学で学ぶ人はどういう人かと考えると、一つは、ニューカマーの外国人の若者たち、成人の人もはいってくると思います。もう一つは、形式卒業者と呼ばれる不登校あるいは無登校のまま学齢を超えた人。卒業証書をもらっているから、高校に行こうと思えば行けるけれども、はいったはいいけど結局ドロップアウトするということが多いでしょう。その前に、夜間中学で1年か2年勉強する、こういう方法もあっていいと思っています。夜間中学を、全国につくろうと文科省は急にいいはじめたわけですけど、そのターゲットになってる一つの学習者群は不登校経験者です。その不登校のなかにじつは学習言語の不自由というところに根っこがあるという話を今日、青砥さんからうかがって初めてわかりました。ようするに学習についていけないという一番根っこの部分がそこにある。外国人も同じ問題を抱えているのでしょう。

青砥：共通しているのです。オラリティという口語、口でしゃべる言語は獲得できる。しかし、リテラシーは獲得できない。リテラシーも、学習言語まで行くとなおハードルが高い。

概念を獲得するというのは相当な跳躍が必要で、それをできるためにはものすごいいろんな体験が必要です。体験をどこで積んだのか。家族が一番基本で、あとは幼児期から少年期の友だちとの関係など共同の体験のなかでいろんな言葉を発して、そこでそれがどういう意味をもつ言葉かということを、われわれは理解していくわけです。それは、たんに「よかった、わるかった」じゃなくて、「どこが美しかったか」とか、「どのように素晴らしかったか」「どこと比較してどうだったか」と、というふうに記憶のなかに概念化されたものが積み重なっていく。その作業ができていない。これはたいへんな問題です。体験にも格差があるのです。

前川：当事者の子どもたちにとって希薄な部分。豊かな人間関係とか、豊かな体験活動というものを意図的につくってあげなきゃいけないのですね。

青砥：そう思います。

前川：3世代そろってるような家庭で豊かに育った子どもたちは、わざわざそういうことをせずとも、人間関係や体験が豊富にある。そのなかで言葉の意味もわかっていくということだと思います。言葉は、言葉だけで存在しているわけではなく、言葉の裏側に自分の体験があるわけだから、自分の経験や体験が言葉の意味をつくっていくわけです。だから経験のない人にとってみると単に言葉は記号でしかない。居場所と学び場と両方つくるというのは非常に大事なことです。

青砥：そうです。学習教室でも、居場所なのか学び場なのか、よく議論されます。これはもう永遠の問題で、ぼくは両方必要だといいつづけています。居場所というのは共同体験である。学び場というのは、受験勉強があってもいいし、宿題やってもいい。学習方法を獲得するというのは、将来生きていくためには欠かせない作業です。

前川：ぼくは東京である団体の高校生に対する学習支援ボランティアをやりました。子どもたちはいろんな話をしたがる。「おじさん、なんでこんなとこ来てんの」とか、語りかけてくる。「暇なの?」とか、「仕事辞めたから暇なんだよ」とか。「どんな仕事してたの」、「いや、公務員なんだけど」っていったら、「俺も公務員になりたいんだよ」「消防士になりたい」とか。そういう話をしはじめて、「消防士になるんだったら高校を出て消防士になったほうがいいのかな、それとも大学に行ってから消防士になるっていうほうがいいのかな」と聞いてきます。そういう相談をもちかけてくる。そうすると、「やっぱり行けるんだったら大学に行ったらいいよ」とかって、「やる気があるんだったら勉強したらいいいと思うよ」とかっていう話をしました。

そこに、先生がやって来て、「私語をするな」っていうわけです。学習の場だから、「学習に集中しなさい」と。でも、これも重要なことです。ものすごくインフォーマルな会話のなかで彼らはいろんなことを学んでいるだろうと思うし、その相手をしてあげるのはいいことだと思ってぼくは話をしたのですが……。しかたがないから、先生がいなくなってからまたおしゃべりをつづけました（笑）。

青砥：（笑）。

（2018年2月7日、明石書店）

Ⅱ　夜間中学

歴史・意義・課題

関本保孝×前川喜平

3年のつもりが36年

関本保孝：私は、前川さんとほぼ年齢が同じで、１９５４年の3月生まれです。

前川喜平：私は55年の1月生まれです。

関本：1歳先輩ですね。

前川：そうですね。

関本：私は、中央大学の文学部の史学科で歴史を勉強して、中学校の社会科の免許を取って、

1978年に教員になるつもりでした。教員採用試験も受かった。ところが4月に採用されなくて、しかたなく次の年の試験まで受けましたが、8月に、私の前任者になる若手の墨田区の夜間中学の日本語学級に勤務されてたかたが早期退職しました。それで、指導室長から声がかかって、面接をしたわけです。面接には4、5人呼ばれました。私はとにかく教員になりたいという一心でした。教員試験も大変です。夜間中学の本をちょっとだけ読んだ。室長に「中国残留孤児に日本語を教える仕事だけど、どうですか」と聞かれて、「粘りづよい性格ですから、がんばります」といって売りこみました。ほかの面接してた人は夜間中学にあんまり興味がなかったみたいです。その売りこみが功を奏したのか、9月1日から採用されました。

夜間で3年やったら昼の社会科の教員になろうと思っていました。ところが、ミイラとりがミイラになるというか。夜間中学といえば、小学校に行ってない人もいるし、日本語ができない人もいるわけだから、中学校の教科書も使えないし、学習指導要領が通用するところではありません。そんなことをやったら1週間で9割いなくなるでしょう。ということなら、裁量はけっこう利く。当時は日本語教育も未開拓の分野でしたから、そういう点でも魅力があった。いろいろと全夜中研（全国夜間中学校研究会）とか東京の夜間中学の組織のなかで少しずつ私たち若手が役職につけられたりすると、自分の居場所も見つけてしまいました。3年のつもりが35年7か月、12倍ぐらいいることになったというのが一番最初のとっかかりです。だから邪心だらけ（笑）。

前川：最初に赴任した学校はどこですか。

関本：墨田区の曳舟中《ひきふねちゅう》です。その後、統廃合になって文花中になりました。

前川：文花中というのは曳舟中の場所にあるのですか。

関本：統廃合で吾嬬三中と曳舟中が統合になって、今は元の学校から200メートルぐらいの旧吾嬬第三中学校のところに改築されました。旧曳舟中の跡地は、墨田区が大学誘致をやっています。区内に大学が一つもないから（笑）。

前川：大学があればいいってものではないのに（笑）。

関本：先日、見城慶和さんと見に行ったら、もう更地になっていました。となりの小学校も更地になっていました。だから、映画『こんばんは』に出てくる文花中は私にとっての母校ともいえる、最初のスタートのところで、すごく思い入れがあるところです。それが最初で、中国残留孤児やその2世3世にも教えました。初めての経験だし、何をどうやったらいいかがよくわからない。先輩もそんなに経験があるわけではなかった。

前川：みんな手探りだったのですね。

関本：そうです。いろんなものが手探りでした。教材を試行錯誤しながらつくったりもしました。

前川：その頃、生活基本漢字はできていたのですか。

関本：生活基本漢字は74年にできました。ただそれは、日本人の中高年層で小学校も十分に行ってないという人に合わせてあります。そのまま日本語ゼロのかたには使えないので、別次元で手探りで日本語の教材を作りました。私も2年目ぐらいから中国語を勉強しました。82年には、長春にある吉林大学に1か月ぐらい自費で短期留学して中国語を身につけました。

前川：では、かなり中国語ができるようになったのですか。

関本：大学ではまったく勉強したことありませんでした。生活指導のときに、知ってたほうがいいと感じました。まあ、悪戦苦闘です。いろんな失敗もありました。当時、２世も含めて２年間は生活保護を与えて、夜間中学で日本語を勉強するというのが、東京都福祉局と福祉事務所とのあいだの共通認識でした。公的に日本語を勉強する場所はなかったのです。福祉事務所のケースワーカーが夜間中学に連れてきました。

ただ、自立に結びつかない部分もあって、神経症になったりして、都立墨東病院の神経科に連れていったりとか、就職の世話をしたりとか、生活支援の面でもいろんなことをしました。日本語指導が一つの柱としたら、生活支援がもう一つの柱で、いろいろやってました。

前川：ソーシャルワーカーみたいな仕事もやっていたわけですか。

関本：そうです。いろんなそういう福祉事務所のケースワーカーや、ハローワークやいろんなことをやっていました。

私は、墨田曳舟中で12年7か月、足立四中に9年、世田谷三宿中に9年いて。最後に文花中、また同じところに戻ってきて、そこで5年やって２０１４年の3月に退職しました。足立四中のときにはもう2世3世には福祉事務所がお金を渡さない、生活保護が受けられないということで、残留孤児が住んでいる都営住宅に10人ぐらいが、押入にまで寝たりしていました。そんな状態でしたから、就職は即やらなくちゃいけない。日本での生活をしていくうえでのトラブルも多くて、トラブルを踏まえた日本語会話練習と、情報提供をやっていました。

そこで会ったかたが、「私のお母さんは残留孤児でした」という。それで、何十年ぶりに日本に帰ってきたのですが、お母さんがいた開拓団の団長とこんな会話をしたと聞きました。団長がお母さんに、「あなたを売ったおかげで薬を買うことができた」といったそうです。その残留孤児だったお母さんは、「私を売ってくれたおかげで私は生き延びることができた」といって、涙ながらに抱きあって、何十年ぶりの邂逅、再会をしたという。私が夜間中学の教員になったのは78年ですから、まだ影響が残っていました。

中国では、50年代に大躍進というので、毛沢東が、農機具も全部集めて鉄にしてとか、日本の戦時中みたいな状態だった。それが失敗して、飢餓が広まって、毛沢東の地位が危うくなってきた。文化大革命で毛沢東の地位がまた上がりました。そういうゆり戻しがあった。文革が終わってからも、もう一回、ゆり戻しがあるかもしれないといって皆さんすごい警戒していたようです。76年に文革が終わって、その前の72年には日中が国交回復し、正規ルートで帰れるようになっていたので、日本に戻る人が増えた。

前川：中国にいると危ないということで、日本に戻った？

関本：そういうことです。文革で批判されたのが、地主、旧資本家、国民党関係者、外国関係者です。残留孤児は戦争が終わったときは赤ちゃんです。でも、スパイとして残されたんだろうというふうにレッテルを貼られて、重い鉄をもたされて、工場の前にずっと立たされて障害を負ってしまったという話もある。それから、妻が中国残留婦人で、結婚した中国の男性が4か月も牢屋に入れられたとか、そういう話がたくさん残っています。

前川：今でも、日本の在日韓国・朝鮮人をスパイだっていってる人がいます。にたような話ですね。

関本：私が教員になって数年のあいだはそういうふうな思いで早く帰ろうといって帰ってきた人も多かった。日本人だというので、大学に行きたいけれども大学に行けなかったとか。

前川：やっぱり差別があった？

関本：はい、差別があったということを聞いています。

ネパール人生徒が増えている

前川：関本さんが経験された学校は4つですか？

関本：全部で4つです。

前川：東京のなかでのちがいはありますか？

関本：荒川九中は在日韓国・朝鮮人が多かった。見城先生が長年いたところです。荒川は在日韓国・朝鮮人も多いというようなこともあった。見城先生が長年頑張っていたところで、不登校の子も多かった。

前川：それは荒川九中？

関本：荒川九中は見城先生が頑張って全国的に知られてますので、すごく多かった。現在になるといろいろな新しい傾向が出ています。たとえば、今、外国人ではネパール人が大きく増加しています。２０１７年９月のデータを見ると、東京では新渡日外国人のナンバーワンは１７０人台でネパール人です。中国人は１１０人台です。

前川：そうなんですか。

関本：中国はだんだん減っています。２年前にネパールと逆転しました。中国は経済的にもだんだん発展してきてる。中華料理のコックさんが妻や子どもといっしょに来るというのが多かったんですけれども、中国国内でもいろいろな就職口が出てきたのでしょう。日本に来ると生活費も高いし。そういうことを反映してるのか、漸減です。ネパールは世界でも最貧国とかいわれたりしますが、インド・ネパール料理のコックさんとして、ネパールから来日する人が急増しています。その子どもたちが夜間中学にやってきます。私が知る限り外国人ではネパール人が圧倒的に多くなっています。

前川：ネパール人が経営するインド料理屋さんがたしかに増えてる気がするな。

関本：やっぱり日本に行くと、収入がたくさん得られる。東京では、第一グループがネパールです。そのなかでも世田谷三宿中にいちばん集まっていて６割ぐらいはいるんじゃないですか。

前川：あのへんにネパール人が多いんですか。

関本：大部分の夜間中学は下町にあります。足立、荒川、葛飾、墨田、江戸川です。もう一つは南部の大田、八王子五中です。そのなかで山の手には世田谷三宿中だけです。渋谷から田園都市線一つで通えます。そこで、三宿中が、渋谷、新宿、池袋、六本木を土俵に抱えているわけです。守備範囲が非常に広い。ですから、世田谷三宿中にネパール人が集中しています。全生徒81人中47人がネパール人です。

前川：過半数ですか。

関本：そうです。足立四中では、80人中、ネパール人は7人です。

前川：ベトナムはどうですか。

関本：ベトナムの新渡日外国人は東京では3人しかいないです。少ないです。

前川：留学生はものすごく増えてます。

関本：留学生は、夜間中学では対象外ですから。中学校を終えてないというのが入学要件なので。

前川：外国人一般で考えたらベトナム人はものすごく来ていますが、大半は基礎教育を終えた人が来ているということですか。

関本：ベトナム人は、留学生として来て、ベトナムに帰って日系企業に就職する、そういう人が多いのでしょう。

前川：渡日のパターンがちがうのですね。

関本：日本に来る動機がちがうでしょう。

すべての人に教育の機会を保障するはずなのに

前川：それで、夜間中学の歴史に遡って今から話そうかなと思います。私と夜間中学の出会いをお話しします。私は、関本さんが教員になったのとほぼ同じ頃、1979年に文部省にはいりました。最初にやらされた仕事の一つが陳情の窓口です。役所側からは「陳情」というんだけど、来るかたがたは「要望活動」とか、「交渉」とか、いろいろ名前がちがいます。「交渉だ」っていって来られるんだけど、いや、こっちは「陳情」ですから、話をうかがうだけですよという。向こうはいや交渉だ、とにかくなんか約束をしろといってくる。そういう陳情窓口というのを3年ぐらいやりました。そのなかで夜間中学の関係者のかたがたも見えてました。私は窓口だから、私は回答はしないわけです。回答する担当は夜間中学だったら当時だと文部省初等中等教育局中学校課なんていう課があった。

関本：初中局ですよね。

前川：今は初等中等教育企画課というところがやっています。当時だったら中学校課か、あるいは小学校課だったかもしれないです。就学関係は小学校課が扱ってましたから。そういう担当課が出てきて回答する。だいたい全部ゼロ回答です。何をいわれても、できませんできませんっていってるだけ。そういう場面に何度か遭遇しました。だけど、夜間中学というものが必要なんだなというのは、そのへんから認識をしはじめました。そのおかげで、夜間中学が必要だという感覚はずっともっていた。

文部科学省の仕事は、すべての人に教育の機会を保障することのはずなのに、そこからこぼれ落ちてる人がいる。それがわかってるのに何もしないっておかしいんじゃないかな。これは文部科学省として何か手立てを講じるべきなんじゃないかということをずっと思いつづけていました。

でも、それを実際にできる立場にはなかなかならなかった。文部科学省のなかのいろんなところを回されて、しかも内部管理的な仕事が多かった。しかし、やっと局長になって、教育機会確保法をつくるという動きが出てきて、30年以上かかえていた課題にとりくむ機会が与えられたと、そういう感覚でした。私は文部科学省に38年近くいましたが、その間にも夜間中学はそうとう変貌を遂げてきただろうと思います。

夜間中学というのは、基礎教育、あるいは義務教育を十分に受けられなかった人たちのための最後の砦というか、最終的なセーフティーネットという意味合いをずっとはたしてきてると思います。その生徒層というか、基礎教育の機会を必要としている人は、時代に応じて大きく変わってきている。そのへんの話を、昭和20年代、１９４０年代から今に至るまでどういうふうに変わってきてるかというようなことをお話しいただけたらと思います。

関本：最初にできた夜間中学は１９４７年に大阪で「夕間学級」という名前で、生野第二中学校ができました。戦争が終わってからまだ2年しかたっていない。

前川：つまり学校教育法ができた年ですね。

関本：学校教育法ができたときから矛盾が出てきたということです。

前川：だから、新制中学発足とほぼ同時に誕生した。

関本：そういうことです。貧しくて学校に行けない、ノートも買えない。靴もない、傘もない、弁当をもっていけない。そういう時代です。もう見るに見かねて、学校長もがんばって教育委員会を動かして、夜間中学をつくってきた。

前川：夕間というのは電気代もなく、夜中に電気をつけてやるわけにいかないので、まだお日様の光で文字が読めるあいだにやってたと聞きました。

関本：東京では、1951年に伊藤泰治さんという足立四中の校長が実現させました。戦前から教員をやってて、戦前の尋常小学校、尋常夜学を知ってるかたでいろいろと研究していた。勉強をしたくても貧しくて学校に行けない子どもを救う道というのは二部しかないという。1947年の学校教育法施行規則のなかに二部授業が書いてあった。今でも低開発国では午前一部、午後二部などの形態があります。ブラジルは三部まであるそうです。先生も足りない、教室も足りないという場合は、まず午前をやって、そこでさようなら。午後の部は昼飯を食べて午後おいでっていう。伊藤さんは、教育委員会を説得するために二部が夜まで延びたということでできないかといった。当時、足立区だけで1200人の貧しくて学校に行けない子どもがいたわけです。これは大変な問題です。教育委員会も、伊藤さんの熱意に押されて、二部として夜間学級をつくろうとなった。東京都教育委員会にも働きかけて、東京都は暫定的なものとして、7項目ぐらい条件をつけながら認めました。

文部省はそのときには学校教育法、新しい六・三制を崩すもので、しかも児童労働につながるということで反対しました。そのときの設置者は区で、認可者は都です。ですからこの二つが集まれば一応できる。50年代のいちばん多かったときには89校です。そこまでずっと増えていった。最近大多和雅絵さんが『戦後夜間中学校の歴史』（六花出版）という本を出した。それを見ると、40年代、50年代は、学齢生徒と、10代後半の生徒が多かった。戦争とか戦後の混乱のなかで学齢期の子どもが滞留していた。それが60年代の前半ぐらいまでの様子です。きちっとしたデータは完全にそろっていませんが、いろんな断片を合わせるとそういう状況が浮かんでくる。

その後、60年代後半から学齢超過者、成人が増えてくる。戦後20年経って65年になると、子どものときに勉強ができなかった人が20代、30代の大人になった。仕事のうえでも困ってるという。

見城先生たちが生活基本漢字381字という都教委の教材開発をしたのが70年代半ばです。中年のかたで小学校にも満足に行ってない人がいた。そういう人たちに小学校1年の漢字を勉強しよう、つぎに2年の漢字を、とそんな悠長なことをいってられない。とにかく生活に根ざしたことを教えるなら、ちょっとむずかしくても覚えるはずだ。夜間中学の国語の教員が、1年間かけて、新聞や雑誌を調べて編み出したのが生活基本漢字です。381字あれば生活の最低限の目処は立つ。今、基礎教育保障学会の教材案内に都教委の了解を得て全文が載っています。それを勉強したら、「先生、給料の明細が読めた、よかった」という。「子どもの学校の通知が読めた」と「回覧板が読めた」という。

前川：47都道府県の名前の漢字が全部はいっていますね。

関本：はいってます。

前川：そういうのはいわゆる教育漢字にははいってないのがたくさんあるわけだけど。

関本：でも、必要です。仕事でそれを知らないと困りますから。

前川：たしかに、そうです。

関本：国立国語研究所というところで、50年以上前でしょうか、1年間、朝日、毎日、読売の新聞のほかいくつかの雑誌を使って調べると、そこに出てくる漢字はほぼ５００字で80パーセントという数字が出ています。今、小学校で１０００字、中学校で１０００字、義務教育で２０００字を覚えることになっています。そうなっているけれども、漢字ぎらいがいっぱいいる（笑）。

この５００字で主要な新聞・雑誌で使われる漢字の８割をカバーできるという数字。生活に必要な漢字が４００字弱だという、夜間中学の教師たちの経験知がほぼ重なっている。そこで自信をもったわけです。ですから見城先生は、今の漢字嫌いを解消するにも、精選しろ、といって国字問題研究会というところで研究しています。

これは、今、日本語を勉強してる海外の人も注目しています。非漢字圏の人は漢字の洪水でアップアップしてる。最近の日本語教育にもつながるようなことが夜間中学ではすでに実践されています。こうして小学校も満足に行けなかった成人が通ってくることで、60年代後半から70年代にかけて東京では夜間中学の存在が大きくなっていきました。

ところが、関西のほうでは、そのあいだにたくさんつぶれてしまって、大阪では一校だけになっていました。

前川：そのときに存在していた大阪の学校はどこですか。天王寺じゃないですね、天王寺はあとからつくってるはずです。

関本：天王寺は69年です。岸和田市立岸城中学校です。

前川：岸和田ということは、大阪市にはなかったわけですね。

関本：大阪市にはなかった。

前川：岸和田があるだけ。
関本：そうです。
前川：夜間中学の火はもう消えかけてたということ。教育委員会にしてみれば、どうしても昼間に行けない学齢期の子どもがいるから夜間中学をつくったというわけでしょう。そういう子どももいなくなっちゃったじゃないか、どんどん減っていったと思います。だからいらないという理屈でしょう。
関本：大多和さんの本を見ると、財政的にも夜間中学の運営が厳しかったということが書いてあります。文部省は十分な支援をしていなかった。
前川：学級編制はしてるから学級に見合うだけの配当はしただろうけど、それ以上のことはしてないでしょう。
関本：自治体レベルでも十分な支援がないから、財政力もなくて厳しい。
前川：文部省は冷淡でしたから。あるものをあえて潰せとはいわないけれども、支援する気なんか全然ないという状態でしょう。
関本：ちょうど66年に行政管理庁が「夜間中学早期廃止勧告」というのを出しました。これはすごい衝撃でした。この廃止勧告が逆に全国に火をつけました。
前川：怒りを呼んだのですね。
関本：それで、67年に『夜間中学生』という荒川九中夜間学級が設立10周年記念として48分の映像作品をつくった。どういう映像かというと、町工場で働く学齢の子どもたち、夜間中学生を撮りました。子どもたちが夜間中学に行って勉強してる、ここに夜間中学が必要な証拠があるじゃないか！　そういうことです。これは強烈でした。髙野雅夫さんはそれをもって全国をまわる。64年に東京オリンピックがあった。イメージとしては経済が好況で、貧しさっていうのはあまりないと思いがちですが、まだ下町には、60年代半ばでも学齢児が零細企業で働いていた、そういう時代でした。

前川：学齢期の子が零細企業で働いていたのですね。

関本：そうです。学齢児が最後にいなくなったのは80年代半ばです。そこまでいました。

韓国・中国からの帰国者のための日本語教育

関本：その時代には、もう一つ大きな問題がありました。韓国・中国に関連しています。65年には韓国との日韓基本条約が結ばれました。日本が戦争に負けて植民地を手放してからちょうど20年間、植民地問題を清算できなくて、やっと20年して、国交（正常化）回復ができました。

前川：やっと国交が開いたということでしょう。

関本：韓国に日本人がいっぱい行っていましたが、そこで生まれた子どもは日本語ができない。日本語を学習する場が必要だといって、60年代の末ぐらいから東京の夜間中学で受け入れました。講師は少し採用されたんですけれども、それだけじゃ対応できないっていうので71年に髙野雅夫さんはじめ関係者が都議会に請願を出して、都議会の全会一致で、引き揚げセンターが出来るまでの暫定措置として夜間中学に日本語学級ができた。そういう点では東京は非常に早い。今も日本語学級は続いています。そのときに日本語学級ができたのが墨田曳舟中学と足立四中と江戸川小松川二中。今では5校ありますが、当時は３校でした。画期的です。

前川：日本語学級は東京が最初？

関本：最初だと思います。美濃部知事時代というのもあったでしょう。美濃部さんは、夜間中学を視察しています。通常学級に教員が６人しかいないところを本来は９教科なんだから９人にしたいけれども、第一歩としては７人にしようというので、73年に増員して７人にした。

前川：１９７０年頃は一つの境目だと思います。66年に早期廃止勧告が出て、それに反発した髙野さんが全国行脚しました。この前、大阪人権博物館に行きました。夜間中学生展で髙野雅夫さんにもお目にかかりました．髙野さんが行った先から書いたという、びっしりと書いた葉書が全部貼ってあった。「すごいな」と思いました。大阪のテレビで紹介されたということも一つのきっかけになって、私も勉強したいという人たちが大阪で名乗り出てきた。とくに在日韓国・朝鮮人の女性が多かったといわれてます。それで69年に天王寺中学の夜間学級が新たに開設される。

関本：そうです。

前川：国のほうはもう早くやめようといってるのに、地方のほうから新たにつくろうという動きが出てきた。

関本：そうですね。文部省にしてみれば、誤算だったかもしれません（笑）。

前川：たしかに60年代の後半、つまり、廃止勧告が出た頃はかなり生徒数が減っています。

関本：底をついてるのは68年の４１６人です。校数としては69年、70年が20校。

前川：ピークの55年あたりでは89校でしたか。

関本：そうです。54、55年が89校です。
前川：生徒数でも55年頃がピークですね、5000人ぐらいですか。
関本：生徒数は55年が5208人ですね。50年代半ばがピークです。
前川：50年代半ばから60年代の後半、つまり10年ちょっとのあいだに10分の1まで生徒数が減った。
関本：そういうことです。
前川：学校数でも4分の1以下、生徒数だと10分の1以下まで減ってる。そこまで減るのを見ると、国としても、もういらないと思うのも、無理もないかな。元役人として、当時の文部省が、このへんでこのイレギュラーな形の学校は整理しようという気持ちになったのはわかります。
関本：そういう思いが当時の文部省のなかにはあったのでしょう。
前川：社会教育に移せばいいというのは、学習ニーズを否定してるわけではない。しかし、学校という形でやらなくてもいいでしょということですね。
関本：一つ問題なのは、調理師の免許にしても、そのほかの国家資格にしても、高校進学にしても、中卒の資格が必要です。ところが、社会教育では中卒の免許が取れない。養護学校義務制が79年に導入される。それにともなって、中卒認定試験ということも導入されましたが、70年前後はそれもなかった。また、中卒認定試験というのは教育ではない、教育をした結果中卒レベルの力があるということです。
前川：愛知県だったでしょうか。当時の文部省の方針に沿った形で、社会教育の形での変則的な夜間中学をつくった。

関本：私が78年に教員になったとき、全夜中研の要望書のなかで、愛知方式に対してものすごく否定的に書いていました。社会教育路線反対という要望です。愛知県では現在の「公益財団法人愛知県教育・スポーツ振興財団」をつくって、元々全国と同じ夜間中学があったのに、文部省の方針をちょっと先取りするかのように60年代後半に2校を全部無くしてしまった。財団の「中学夜間学級」では週3回勉強をする。それで、中学校3年の最後に、近くの中学校に在籍させ、卒業証書を出す。いわばウルトラCを使ってる。でも、全国夜間中学校研究会としては「それはおかしい」、保障されなかった義務教育に対しては公教育として、義務教育をきちんと保障すべきだという主張をしています。

前川：愛知の中学夜間学級はもう無くなりましたか。

関本：いいえ、まだあります。愛知はそれしかありません。10年以上前の話ですが、そこで勉強した在日韓国・朝鮮人が「あれは学校じゃないよ」といっていたようです。1日2時間ぐらいで、週3回。行事も無い。行事もあって、文化祭もあって、トータルに、学校教育を経て、単に知識を吸収するだけではない体験をしないと、学校とはいえない。子どものときにそういう学校経験がないかたも、「学校」を体験したいのです。

前川：まだ残っているのですね。ちょっと話を戻しますと、69年の天王寺中学の夜間学級ができたというのが一つのきっかけだと思いますが、息を吹き返すわけですね。

関本：そういうことです。

前川：68年に400人台まで落ちた生徒数がまた増えてきます。そのときに、東京では韓国や旧満州からの引き揚げのかたが多かったのでしょうか。

関本：そうです。65年に韓国と、そして、72年には中国と国交回復して、公式に残留孤児とか2世3世とか家族が日本に来ることになった。その数がうなぎ登りに増えました。

前川：もちろん、もともと日本にいて若いときに学校に行けなかったという学齢超過の人もいるでしょうし。

関本：そうですね、70年代は一定数はいましたね。

前川：それから、在日韓国・朝鮮人も。

関本：そうですね。

前川：東京は比較的少ないでしょうか。

関本：東京では、在日韓国・朝鮮人の人が通うようになるのはむしろ80年代です。関西では、70年代80年代ですと、8～9割が在日韓国・朝鮮人でした。ただ、今はもう高齢化でガクッと少なくなりました。長期にわたって在日韓国・朝鮮人の人が第一グループでした。

前川：しかも女性が多かった。

関本：そうです。韓国では女に学はいらないというような考えがあった。そのためにとくに女性の場合、学校に行けなかった人が多い。それは日本人の場合もそうだし、いわゆる低開発国から来ている外国人にもいえることです。世界をトータルで見るとやっぱり女性に教育が十分保障されてこなかったことの反映でしょう。

前川：パキスタンのマララさんがいってるみたいに、世界中で女性の学習機会が抑圧されてるというか、満たされていないということです。

関本：そうですね。手元のデータで見ますと、２０１７年9月のデータでは、男子が６３６人、34・８％に対して、女子が１１９０人、65・２％です。１：２です。
70年代には、中国帰国者がものすごく増えて、80年前後がピークでした。45人学級がひとくくりです。それが4月1日。ところが、年度途中からどんどんはいってくる。ですから、いつのまにか1学級60～70人を抱えることになる。専任は二人しかいないのに。
もちろん普通学級から応援がありましたが、それでも東京都教育委員会に、これは実態を見て定数改善してくれって……、そういう時代でした。
前川：そうか。定数は5月1日で見るからな。
関本：それで89年に「公立小・中学校日本語学級認可要綱」ができて、夜間中学では90年ぐらいから適用されるようになりました。今、足立四中では、日本語学級は50人前後だと思いますが、専任教員は6人います。７人いる通常学級の教員とは別です。東京はそういう点では全国の夜間中学のなかでも恵まれているといえるでしょう。
前川：日本語学級は、関西にもありますか。
関本：関西には日本語学級はありません。とはいえ、実質的に日本語力ゼロの人には中学校の国語教科書が使えないので、実質的には「日本語」を教えています。
大阪にある夜間中学のほとんどは70年代にできましたが、東京では50年代に大部分ができているので、歴史もちがいます。東京では、71年に請願を出して、採択されて日本語学級ができたのです。そこから条件を改善してきたので、歴史的な経過がちがいます。就学援助については以前は大阪では府と設置市が支給していましたが、今は生徒の居住市町が対応することになり、格差が広がるなど、困難が生じています。

前川：補食給食が無くなるとか、ですか。

関本：そうです。補食も以前は大阪府と夜間中学設置市が補助して実施されていましたが、今は大阪府の補助が無くなったため、東大阪市、豊中市、堺市の夜間中学しか補食が保障されていません。補食というのは、牛乳とパンとジャムなどです。東京は、給食についても基本的にはほぼ8校そろっています。

もう一度整理すると、70年代は中国帰国者の激増期です。そこに日本人の中高年、成人もはいるようになった。大阪では在日韓国・朝鮮の人が非常に増えた。80年代は、東京では不登校から夜間中学に通う生徒が多かった時代です。統計を見ると、毎年東京の8校で100人台の不登校生徒がいました。これデータを全部とっていました。

前川：私もこれずいぶん勉強しました。

関本：いちばん多かった1985年には、全生徒が455人のうち不登校だった生徒が136人、29・9％。これだけいました。すごい数です。

前川：これは不登校の学齢期のほうですか。

関本：学齢も若干います。でも多くは学齢ではありません。当時から3年生の末で除籍となる。そのパターンのほうが多かったです。

前川：除籍だから卒業していないのですね。

関本：そうです。不登校の生徒の場合、まず不登校の子が、親と担任の先生といっしょに見学して、ここだったら自分は通えそうだというふうになってから、本人、親、夜間中学の担当者、本校の担当者、学校長、それに、教育委員会が話し合って入学を決めます。安易にはいれません。全部整えてからです。学齢で入学する場合は1年生からたぶん不登校で、いろんな事情で学校に行けないからというので受け入れる。ただ、70年代から80年代のはじめぐらいまでは、うまく状況が変わったら昼に戻るっていうことで学齢を受け入れていました。

私が知っている40年ちかく前の例です。一家で夜逃げして、お父さんも転々としていた家族がいました。子どもたちは不登校でお姉ちゃんは学齢超過していましたが、弟は学齢でした。それで、夜間中学に来てました。ちょっと気持ちが元気になったら、昼のほうに移すということでした。でも、戻りませんでした。

80年代にはじまる生徒の多様化

関本：東京では80年代は多様化が一つのキーワードです。不登校の子どもたちが一定数、2割台いました。それからもう一つは、在日韓国・朝鮮人の人が多かったです。もう孫がいる世代かな。いろいろな商売で、苦労してやってきた人たちなどでした。小学校にもまったく行ったことがない人たちです。80年代末ぐらいに曳舟中に私がいた頃、10人ぐらいいました。

前川：しゃべる日本語は達者ですね。

関本：小さいときから日本にずっといますから。ただ、書くのができない。そういうかたたちが、クチコミで集まりました。それから、中高年の日本人、そして、中国引き揚げ者、こういう人たちがそれぞれ一定の割合を占めていたというのが80年代です。

前川：ニューカマーはそんなにいなかったですか。

関本：ニューカマーはほとんどいなかった。ニューカマーが増えだしたのは90年代の終わりころからです。そして、21世紀になると、本格的に増えだした。中国帰国者と逆転するのが２００８年です。急激に増えて逆転しました。

前川：不登校で除籍されてはいってくるパターンが90年頃にパタッと無くなりますね。

関本：理由がはっきりしています。

前川：３年前（２０１５年）の通知につながる。

関本：それで、80年代、90年代は不登校が全国で激増します。文科省のデータにも出てきます。卒業認定はどういうふうにしていたかというと、見城先生の話によると、３年生のときにおおむね半分以上来ていなければ留年・除籍が妥当だろうというふうな見解を文科省がもっているという。その資料もあります。兵庫県の教育委員会が文科省に問い合わせています。文科省が回答するとそれが一つの範例みたいなものになる。

前川：それは、行政実例といいます。そういう照会回答について文科省が文書で回答すると、それが公式見解として残っていくのです。

関本：そうですね。それが、70年代から80年代ぐらいにかけて生きてたわけです。学齢児が夜間中学に来るというのもそれと関係があります。学齢児が1年2年で不登校になって、3年生のときに出席がゼロだと、除籍されてしまいます。中学校の卒業証書がもらえない。そこで、夜間中学を見学に来ます。夜間中学はいじめもないし、夜間中学だったら通えるということで、たとえば中学3年から転校するわけです。そうすると中学3年生はほぼ毎日行けば、その実績で卒業証書がもらえます。

形式卒についても当時の東京都教育委員会の方針では、基本は駄目だけどケースバイケースでいいという文書がありました。ところが80年代に不登校が激増します。文部省に対して、うちの子をどうしてくれるかという親の切実な願いが寄せられた。除籍にされてこのままでは将来がない、とにかく卒業させてくれ。弁護士も味方につけて、80年代の後半ぐらいに事実上学校に行ってなくても卒業証書を出すという方向に変わりました。それで92年に文部省が通知を出して、不登校はどの子にもありえるものだとして、フリースクールなどに行っていれば、それも出席と認めるという。画期的といえば画期的です。その時点で、中学校に1日も行ってなくても実質的には卒業証書を出すようになった。

逆に、夜間中学に行きたいから卒業証書を出さないでくれといっても、校長は出すんです。同時に、学齢児は夜間中学には受け入れないという方針をとってきました。当時、区の教育委員会の担当者と折衝していました。それまで受け入れてたのにどうしてかと聞いたら、文部省が都教委に指導して、都教委が区教委に指導をしていると、だから区教委の判断ではもうできないんだ、といわれました。

前川：学齢児はもう受け入れなくなった。

関本：同時に形式卒も柔軟にケースバイケースで受け入れていましたが、受け入れられなくなりました。

前川：形式卒業の受け入れ拒否というのは、文科省の指導があったということですね。
関本：形式卒についても要するに文部省が都教委、区教委を指導していたわけです。学齢児も「入れるな」という方向に変わりました。80年代の葛飾の双葉中に最後の学齢児がいました。
76年から全国夜間中学校研究会では文部省に要望書をずっと出してきました。要望書という形では初めて76年に出して、最低でも1県1校はつくってくれという要望です。それに加えて形式卒については87年からずっと形式卒業も実質的に学校に行ってないならば入学を認めてほしいということを30年近く出しつづけた。ようやく2015年に解禁されました。
前川：ある課長補佐が、「いいですよ」といったことがあるという話が残っています。
関本：それは71年のことではないですか？　74年に東京都教育委員会が方針を出して、形式卒も学齢もケースバイケースだとしました。70年代はまだ牧歌的だった。
前川：まあ、いい時代でしたね。
関本：それと同時に76年、奈良県に住んでいるかたが、大阪の夜間中学に入学を希望しました。ところが、県外に住んでいる人は夜間中学に入れないという方針を大阪府教育委員会はとりました。天王寺中学にいた岩井好子さんという女性の夜間中学の先生が素晴らしい人なんですが、彼女は奈良に住んでいたので、運動を始めた。そこで「うどん学校」というのをつくりました。
前川：自主夜間中学ですね。
関本：これが自主夜間中学のはしりです。しかも、大阪ではなく、奈良につくったというのが、非常に意味があることです。70年代は、住民運動も盛んでした。やがて天理中学が81年にできました。

川崎でも自主夜間中学から出発して82年に西中原中学校夜間学級ができた。市川大洲中夜間学級も82年にできました。市川の中心だった松崎運之助さんとはその後同僚でした。松崎さんは、当時市川に住んでいて、運動の中心にいました。70年代後半から80年代というのは、自主夜間中学の創生期です。今では全国に30ぐらいあります。

前川：一方、公立夜間中学の数も35校ぐらいまで増えました。人数も３０００人ぐらいまで増えた。

関本：99年が３４２０人。これは中国帰国者が爆発的に増えたところです。厚労省の早期帰国計画がありました。残留孤児をずっと残しておくのか、早く引き揚げさせろというので、増えました。

前川：35校３０００人ぐらいのところがずっと続いていますが、なかの生徒層は少しずつ変わってはきていませんか。

関本：99年がピークです。99年には中国等帰国者が１１３１人で生徒層のなかで最多でした。中国帰国者については、帰りたい人はほとんど帰ってきました。一般新渡日とちがって中国残留孤児は、母数がかなり明確になってるわけです。今はもう中国帰国者は減っていて、２０１７年９月のデータでは１８１人で10パーセントに届かない。在日韓国・朝鮮人はもっと減っています。63人、３・４パーセント。在日韓国・朝鮮人は、かつては関西を中心に１０００人以上いました（１９９９年、在日韓国・朝鮮人生徒数１４２３人）。在日韓国・朝鮮人の場合は高齢化、中国帰国者の場合はほぼ帰りきったことが背景にあります。

２０００年代になると、新渡日外国人が激増してきて、２０１７年には69・３％、約７割が新渡日外国人です。国際結婚、あるいは仕事の関係で日本に来たその家族です。こういう人が全体の７割ですから、ここが第一グループになっています。40年代から今までの流れはそういうところです。

形式卒業者にも門戸を開いた

前川：3年前に形式卒業者に門戸を開いた通知がありましたね。そのために一昨年や去年あたりから、不登校経験者の入学もだんだん増えてきてるんだと思いますが。

関本：2015年の7月30日に出た通知です。2015年の後半は若干あったんですが、翌年の2016年の9月調査では、全国で54人です。2017年の9月データでは、87人です。今4パーセントくらいです。ちかいうちに100人を超えるでしょう。そのなかの国籍もわかります。87人のうち69人は日本国籍の人で、中国帰国者とか新渡日もいます。ここに着目すると、日本人の割合がちょっと復活してきたということです。

夜間中学は日本語学校かという人もいる。なんで悪いのかっていいたくもなりますが。夜間中学は税金で運営しているのに（まあ外国人も税金を払ってますけれども）、本来は国民のためのものじゃないかというところで批判する人もいます。私はずっと外国人に30年以上日本語を教えてきました。そこでいえることは、外国人が日本語を勉強するうえでも日本人がある程度学校のなかにいたほうがいい。給食のときとか行事のときとか、練習になるわけです。全員が外国人だと勉強しにくいわけです。もうすぐ形式卒業者が100人を超えるでしょう。

前川：私も増えていくと思います。潜在的学習者がどのくらいいるかっていうのがいろんな試算があります。百数十万人いるという数字があります。最大そのくらいいておかしくないと思います。高齢者の数字だと思いますけど、国勢調査で小学校を卒業していない人が12万８１８７人です。次の国勢調査から、総務省に文部科学省が要望してるので、小学校を卒業しているけど中学校を卒業していない、つまり、中学校未修了者の数もわかるようになるでしょう。それがわかるようになれば20万近くいるかもしれない。もっといるかもしれない。それから、かつては除籍ということをしてたけども、今はもうほとんどの中学校では卒業証書を出してしまう。未修了ではなくて形式的には修了してることになってる人、つまり形式卒業者が増えています。

関本：そうです。

前川：この形式卒業者ですが、どの程度修得していない人のことを形式卒業というかはむずかしいです。毎日学校に来ていても、じつはほとんど勉強してなかったっていう子もいる。形式卒業はじつは明確に線を引けない部分がある。しかし、不登校の人数はわかります。不登校の人数はずっと減らない。小中あわせて12万人から13万人のあいだをずっと推移しています。しかも圧倒的に中学校が多い。中学校では、１学年で４万人ぐらいはいる。しかも、不登校の定義は年間30日以上休んでる子で、病気その他の理由がないという子のことを不登校と呼んでいます。そのなかでも登校日数が10日に満たないという子どもたちのことを無登校といっています。最近、文科省はこの無登校の統計をとりはじめました。不登校のうち無登校は１割ちょっとある。ということは４万人のうちの４０００人、各学年ごとに４０００人ぐらいは全国で無登校がいる。まったく学校に行っていない子が毎年４０００人生み出されて、しかもその子たちが卒業証書をもらって、学歴上は中卒になっています。

関本：そうです。

前川：これは、たとえば、1990年から今までずっとそういうことが起こっていると仮定して、仮に1年で4000人ずつだと30年経ったら、12万人いるわけです。だから、形式卒業者で、中学校教育を学び直すニーズを潜在的にもってる人は少なくともそのくらいの数はいておかしくないと思う。その人たちがいったいどうやって暮らしてるんだろうか、私はものすごく気になるわけです。そういう人たちが今少しずつ夜間中学の門を叩くようになってきてると思っている。

関本：NHKの「クローズアップ現代+」もとりあげていました。形式卒業で、学校に行ってなかったかたを取材していました。30代ぐらいでしょうか、宅配便の仕事をやっているけれども、届け先が居ないときに不在の報告書を書かなくちゃいけない。それが書けないいんです。私が知ってる20代の女性は高校まで卒業した。ところが小中学校で不登校でした。しかし、卒業証書をもらっています。東京のチャレンジスクールに行ったそうです。チャレンジスクールでは、テストの前にこんなところから出るよと教えてくれて、ちょろちょろっと答案を書けば卒業できる。ところが彼女は卒業後、コンビニで仕事をした。でも、小学校の計算ができないわけです。それで辞めてしまう。実質的な力がなければ高校卒業証書をもっていても社会的に自立した生活を送れないということです。そういう若者が多数いる。

この前も神奈川県大和市で映画会をやりました。自民党はじめ全会派に協力してもらいました。自民党の幹事長、会社の社長に、そういう不登校ひきこもりの人も雇ってくれないかともちかけてみました。でも実質的に読み書きはできないとむずかしいといわれます。採用しようにも基本的な小学校レベルの読み書き計算さえわからないと、ちょっとむずかしい。

文部科学大臣をしていた馳《はせ》さんもよく「タックスペイヤーを育てる」といっています。きちんと教育を提供して、その人たちが社会人になって仕事をして納税する。

数年前70、80歳の親が亡くなって、子どもは死亡届を出さない、本人はひきこもりで、それで親の年金で生活していたという例がありました。８０５０《はちまるごーまる》というそうです。80歳で50歳の子どもがいる、これがキーワードだそうです。「全国ひきこもりの会」は自分たちが死んだあと、ひきこもりの子どもの面倒を国でみてほしいという要望を出している。70年代から不登校がありましたが、すでに40年経った。その人たちが50代です。

全国夜間中学校研究会で２００３年に日本弁護士連合会に対して人権救済申立てをしました。そのときにデータを集めて、義務教育未履修者がどのくらいいるかということを出しました。じつは85年に当時の中曽根首相の国会答弁書では、約70万人という数字を出していますが、その根拠が不明確です。全夜中研が試算したのは、１９４７年に小学校にはいったあと、９年後に中学校を卒業した人が何人いるか。これは文科省のホームページで全部データが出ています。入学と卒業で差が出てくる。第１期生の差は、３万６５４人です。そこで、この人数は中学校を卒業してないだろうと推測できる。40年代50年代は数万人のレベルです。そのあと60年代になると2万人、それから1万人、66年から９０００人、やがて数千人レベルになります。さっきの４０００人という数字は妥当な数字だと思う。これを集積していきます。もちろん死んでるかたもいるでしょうから、死亡者数もデータにあたって、平均値を出しました。そこで出した数字が、百数十万人という数字です。ということで、全国夜間中学校研究会では日弁連にこの数字を渡しました。
これは苦肉の策ではじき出した数字です。そんなに少なくないよというアピールです。人権救済申立てをすることを決めた2000年から、国勢調査で小中分離せよといってきました。これまでの国勢調査では小学校卒業者というのではなく、小中同じブロックです。これを分離しろといいつづけて、去年7月の試験調査では一応分離がはじまりました。中学中退は小卒になるので、小卒と未就学者をあわせれば義務教育未就学者総数が出る。
韓国やドイツなどは識字調査をやっています。
前川：どこでもやっています。
関本：不登校で小中学校に行ってないために基礎的な読み書き、計算ができない人たちの実態が国勢調査に表れてこない。国勢調査では、識字調査、基礎的な学力がどうなのかということを調べてほしい。この20～30年のあいだに、不登校でも卒業証書を渡してますから、卒業証書はもってるけれども困ってるという人が大量に出ている。
前川：文科省は、3年前の7月に、形式卒業者、文科省の言葉でいうと、入学希望既卒者に夜間中学の門戸を開きなさいという通知を出しました。そのあとに、教育機会確保法（2017年12月成立）に基づく基本指針をつくりました。それから、基本指針にあわせてQ＆Aをつくりました。そのなかで文科省は、形式卒業者でも夜間中学にはいれます、それから高校にはいって中退した人もOKです、高校を卒業した人でも場合によってはケースバイケースで夜間中学にはいれるといっています。つまり、今のお話のように高校を卒業してるけれども、小学校段階の算数ができないという人がいるからです。

関本：Q&Aには外国人もOKと書いてます。

前川：文科省は相当柔軟になってるということです。

関本：そうだと思います。

前川：高校を卒業した人でも夜間中学にはいっていいということは、ようするに実質的な学力、識字を見ている。

関本：文科省は今そういうところまで来ましたね。

前川：ほんとに（笑）。私は文科省のこの豹変ぶり、あるところで書いたんですけど、これは見ちがえるようにというよりも、恥ずかしげもなくといったほうがいいと（笑）。

よくまあ、今まで、冷たい顔してたのに、急に夜間中学がだいじですみたいなことをいいはじめて。こんなに急にいいはじめるとほんとうに信用していいのか……。

夜間中学に不登校のアフターケア、不登校だった人たちのための学び直しの場ということを求めようという発想は文部科学省の内側からはなかった。夜間中学の関係者が、政治に働きかけて、政治から降りてきたから文科省は変わったのです。私は別ですよ、私はもともとなんとかなんないかなと思っていました。政治が変わったので、これはチャンスだと思った。

文部科学省のなかには、夜間中学に注目しよう、夜間中学をだいじにしていきたいという声はなかった。あれは社会教育でいいという昔の考え方をずっと踏襲してきていました。不登校についてはフリースクールまでは考えていたし、高校で義務教育の学び直しをしてくださいといってました。わざわざ高等学校の学習指導要領に、義務教育の学び直しが必要ですということを書いています。でも、本当は高校進学する前につけなきゃいけない学力があるはずです。15歳で高校に行かなきゃいけないという理由はない。18歳でも20歳でもいいから、そのあいだにちゃんと中学レベルの学力を身につける機会が必要だと思う。それは夜間中学が提供してくれる教育だと思います。

今までの夜間中学が、非識字者や、それから、外国人の日本語教育というところを熱心にやってきていて、本来的な中学校教育の内容を提供するというところが手薄になってるかなという気がする。中学校の途中で不登校になりました。中学校の2年3年の部分はちゃんと勉強してから高校に行きたいというので夜間中学にはいる。そういう人が今、夜間中学の門を叩いて、去年だと87人がはいってきましたが、その子たちの学習ニーズにほんとに応じているだろうかとちょっと心配です。

関本：現実にそういう現象があります。ある夜間中学では教員が少ない、数人です。しかも生徒に日本国籍者が一人もいない。そこの見学に日本人の生徒が来ると、こういう状態です、どうされますかという感じになってしまう。

一つの流れとしても新渡日外国人が多くなって、向こうで学校を終えてなくて、親についてくる。そこで、高校にも行きたい。それは当然です。権利を保障しなくちゃいけない。

でも、日本の不登校、ひきこもり、中高年の人にも学びを保障しなければなりません。それをやるためには専任教員数をきちんと文科省が定数化して、全国で最低限のものを保障していくかということとかかわっています。

前川：そうですね。

関本：川崎市立西中原中学校では、校長が東京の日本語学級がある夜間中学を見学して、２０１７年の４月から教員を５人から６人に増やして、１年目は日本語ゼロの生徒には日本語中心に授業するという方向に大転換しました。

前川：それは川崎市の教育委員会もちゃんと理解してくれていますか。

関本：そうです。最低限の教員配置といってるわけで、そんなべらぼうな要求ではないはずです。

前川：最低限です。もともと夜間中学は、多様な生徒層がいるわけです。一人ひとりちがうバックグラウンドをかかえていて、新渡日外国人といっても日本語の能力にはばらつきがあるでしょう。不登校の子どもたちも、どこの時点で不登校で、どのあたりから勉強する必要があるかというのもバラバラです。

関本：生徒によっては、小学校課程の基礎もいるということです。去年出た文科省の学校教育法施行規則の改定によって小学校課程も勉強していいとなりました。実態を追認したかたちです。

前川：そうです。

関本：それはもう大きな前進です。でも、ということは、小学校課程を教える人が必要です。

前川：小学校教員が必要になってくるということですね。

関本：極論すればそういうことです。小・中・日本語、この三本柱に対応した人員が必要だということです。

前川：これから不登校経験者が多くはいってくるということを考えると、ちゃんと二次方程式を解けるようになりたいという子どもたちがはいってくる。

関本：そうです。
前川：それなりに高校も進学して、さらに大学にも行きたい、そういう学習ニーズをはっきりもった人たちがはいってくるということを想定しなきゃいけない。
関本：そうです。
前川：これまでの生徒層が識字や日本語のところからスタートする人が多かったから、そっちに引きずられている感じがします。高校進学のための学力保障がほんとにできるだろうか。
関本：今、足立四中は13人の専任がいます。受験指導に熱心な先生もいます。その先生だけではありませんが、それだけ人員がいるということで、いろんな課題にとりくめる。人員が必要だということです。
　足立は全国でも専任教員の人数が一番多いし、一生懸命にやってる先生がたくさんいて、受験指導までやってます。
前川：全国の31校で、そこまでできてるところが何校あるか、私はいくつかの夜間中学を見たときに、その辺がちょっとおぼつかないなという気がしたのですが。
関本：ただ、私はほぼ全国の夜間中学を見ていますが、多くの夜間中学は教育条件のちがいはあっても、小学校・中学校の内容を教え、日本語力の不十分な生徒への日本語学習の支援もしています。

まだまだ増やす必要がある

前川：増設の話にいきましょう。

関本：川口・松戸ですね。

前川：2019年度からです。公立夜間中学ができる。これは画期的なことだと思います。

関本：そう思います。

前川：むしろ、横浜で5校が1校になって全体が減りましたが、これから増えるきっかけになる。いってみれば1969年の天王寺中学の夜間中学開校のような意味があるでしょう。これから反転攻勢です。

関本：そうです。

前川：私は厚木と福島に自主夜間中学にボランティアに行ってますが、それぞれ公立夜間中学をつくってほしいという要望活動をしています。厚木市や神奈川県、それから、福島市や福島県と、市レベルと県レベルと両方に要望活動をしています。予想されていたことではありますが、おたがいに「うちじゃない」というわけです。県に行くと、「市がつくってくれ」という。市に行くと、「いや、これは県がつくるべきだ」という。

教育機会確保法はどっちかがつくれとはいっていない。「地方公共団体は」としか書いていない。去年の3月に義務教育費国庫負担法が改正されました。夜間等特別な時間に授業を行なう学校（つまり夜間中学）、昼間でもいいし、小学校もついていていいのですが、義務教育未修了者のための学校をつくる場合、都道府県が設置者であっても国庫負担しますというふうに制度を変えました。逆にいうと、市町村なのか県なのかというのが曖昧になったともいえますが、どっちがつくっても国庫負担しますといっています。昨年度までは、市町村がつくったら国庫負担の対象になるけれども、県がつくったら国庫負担の対象にならないんだということがあって、それなら市町村がつくるほうがいいとなる。

そのために、共同開設で複数の市町村が一緒になってつくる、あるいは、中心のところのほかに、周辺の市町村が一定の財政的負担をして、広域的に生徒が集まるようにしましょうというような、共同開設というのが一つのモデルとして考えられていました。

これからはそういう方法と、都道府県が自ら設置するという方法と、両方ありうることになりました。指定都市は、自前で一つはつくるべきだと思います。京都市には何校かありましたっけ。

関本：1校です。

前川：京都市や横浜市のように大きな指定都市には、複数校あってしかるべきだと思います。むずかしいのは中核市ぐらいの規模のところでしょう。人口が30万人規模の市であれば自前で1校ぐらいあっていいと思います。文部科学省は全国的にどこに住んでいても、義務教育を学び直す学習の機会をつくっていきたいという方針をもったにもかかわらず、どういうふうに、都道府県と市町村の間で役割分担するかという明確な方針を示してない。よきに計らえと、皆さんで協議して決めてくださいと、いっているだけです。

関本：北海道で協議がはじまりました。北海道と札幌市を含めての話しあいです。札幌遠友塾自主夜間中学の代表もはいりました。

前川：それは、法律上の協議会ですか。

関本：そうです。

前川：そうすると北海道が法律上の協議会第1号になりますね。

関本：そうだと思います。神奈川もつくるといっていますが、民間団体がはいっていません。神奈川県と神奈川・横浜の夜間中学を考える会とはいい関係をもっていますが、いろいろ市町村ごとに考え方があるのも事実です。

一ついい話ですが、神奈川県で2017年の12月25日から今年の1月25日の1か月間、ニーズ調査をやりました。横浜、川崎以外の31市町村の調査結果が先日、ホームページに発表されました。私たちも「神奈川・横浜の夜間中学を考える会」として全面協力しました。31の市町村の全会派の議員にも調査結果を送りました。その結果、希望者の年齢構成で、10代20代が多く出てきました。

前川：10代20代が出てきましたか。

関本：学齢も4人います。10代が41人、20代が33人です。で、全年代。どこに在住かというと54人で、相模原市が多い。横浜・川崎に次ぐ政令指定市です。あとは県央といわれる厚木が21人。

前川：厚木は「あつぎえんぴつの会」で稼いでますから（笑）。

関本：つづいて大和が8人とか、海老名とか、座間とか。県のまとめでは、相模原市、県央地域、厚木、大和、海老名、座間での回答者数が多いとなっています。未修了者が76人で47・5％。既卒者が

38・1％です。それに学齢が若干いる。
とにかくこういうものが出たというのが画期的です。そこで大和市の自民党の幹事長が県央で夜間中学をつくってくれという陳情書を出してくれといいだした。懐が広い人です。共産党も公明党も、これは超党派でやろうという機運がある。
前川：相模原市はどうするのかな、相模原市はやっぱり自前で1校つくるべきです。
関本：かなりの県では、調査したけれどもニーズなしといっています。設置要望なしという結論を出しているところも多い。ニーズ調査のやり方にも問題がある。
前川：そう思います。
関本：神奈川では、ニーズ調査をPRして、全市町村に下ろして、民間団体にも協力を依頼してってやった。運動側からすると、やはり非常にいい例です。
前川：北海道もいい調査をしました。
関本：北海道もすごくいいです。百数十人のニーズがわかって素晴らしいものです。
前川：それなりに真面目にやった調査と、おざなりに、アリバイ的にやったのとでは結果はぜんぜんちがいます。とはいえ、ほんの一部が表に出ただけでしょう。
関本：ほんの一部だと思います。
前川：たまたまアンケートに答える機会があった人だけでしょう。
関本：そうです。1か月ですから。しかも年末年始です。
前川：それにしても、あんな短い期間でこれだけ出てきた。

関本：すごいことです。私たちは、ニーズははるかに多いとみています。でも、今回の数字は公的なものなので非常に意味があるものです。こういう調査を全国に波及していく必要があります。

前川：私はこの結果を見て、政令指定都市の相模原市はとにかく自前でつくるべきだと思います。では、県央はどうするか。大和市がつくるのであれば、近隣の県央の市町村と、なんらかの協定を結んで、費用も分担するという形をつくれればいいでしょう。あるいは厚木市がつくるということでもいい。もう一つの選択肢はやっぱり県がつくることです。まだ都道府県が夜間中学をつくった例はない。

関本：それと同時にもう一つはお金の問題で、就学援助の問題です。学校教育法と、それから、もう一つ、就学援助に対する国庫補助の法律には、両方とも就学援助が学齢児童生徒の保護者になっています。ですから基本的には6歳から15歳までという範疇です。でも、夜間中学生は基本的に15歳をこえています。ですから、東京ではどういうことをやってるかというと、十数年前に居住者方式になりました。たとえば、世田谷区三宿中には、30ぐらいの市区から通っていました。ほかのところの居住生徒も面倒を見ていました。ところが十数年前に居住地方式になって、世田谷に住んでる人間はいいけど、それ以外は面倒見ないということになってしまった。たいへんな事態になって、一時、世田谷在住者より練馬在住者のほうが多かったのですが、練馬の人の面倒をみないということになった。一つの教室で修学旅行に行ける人行けない人が出たりしました。

そのときから、いろんな生徒の事情を書いて、校長名の要望書をもっていきました。私も小金井に住んでいたから国分寺に行きました。２０１０年度からは東京都夜間中学校研究会として各区市に就学援助の年齢制限撤廃を求める要望書を提出し、数年前に、23区については年齢制限が全部撤廃されました。収入認定はありますが、16歳だろうが、80歳だろうが申請できます。ある夜間学校では、就学援助は8、9割の生徒が受けているとのことでした。正社員が少ないし、遠距離通学してるので定期代もかかる。東京の場合、多くの夜間中学の場合、給食、行事、教材などの費用に1、2年で10万ぐらい、3年になると修学旅行が加わるから15万円前後。まあ、東京の場合ですよ。これはやっぱり大きいわけです。

前川：それは、就学援助に関する法律の書き方を変える必要があります。

関本：そうです。

前川：今の法律は、就学を義務づけているから援助するという関係がある。就学義務は15歳までの子どものいる保護者の義務と考えられています。基礎教育、義務教育を受ける権利を実現するための援助だというふうに発想を切り替える必要があります。

関本：教育機会確保法によると、理念としては年齢・国籍を問わずに、教育の機会を確保する、それと同時に、財政上の措置等ということで第6条には、「国及び地方公共団体は、教育機会の確保等に関する施策を実施するため必要な財政上の措置その他の措置を講ずるように努めるものとする」ということで、教育機会を確保するという理念だけいっても、就学援助も整備されなければ実質的に行けないじゃないかということですね。

　これは、就学援助のことは書いてないけれども、実質的に保障は裏腹だよというふうに読めますね。

前川：そう読めます。

関本：ですから、今後の発展の先はそこまでいかないと。全国的に1県1校できても遠距離で通う。通学費も保障すべきだけれども、就学援助についてもそういう門戸を開かないと安定した学校生活を送ることがむずかしいと思います。

前川：そうです。

関本：大きな課題として就学援助の問題もある。

前川：同じような話で、高校の奨学給付金があります。高校の奨学給付金というのはいわゆる給付型奨学金ですが、これは奨学金とはいうものの成績要件がないので、私は高校版就学援助だと思っています。高校版就学援助で、これは国がきちんと3分の1の財源保障をしていて、3分の2は地方交付税が負担分を計算しますから、ちゃんと財源は各都道府県に行ってるわけです。

関本：事実上は国が100パーセント保障してるということですね。

前川：そうです。3分の1は補助金、3分の2は交付税で。むしろ、高校のほうが後発でできた制度ですが、高校のほうでは、大人が学ぶときにもちゃんとケアしています。高校ですらもらえるんだから、中学校でもらえないのはおかしい。

関本：それを援用するような形にすべきです。

映像の力で訴えよう

前川：さっきのニーズを掘りおこす努力をしないといけない、髙野雅夫さんが『夜間中学生』という映画をひっさげて全国行脚して、とくに大阪でニーズが出てきたといわれています。映画・映像で訴えるというのが、大きな意味をもっています。それから、90年代だと、山田洋次さんの『学校』という映画。あれはやっぱりあの映画のおかげで私も勉強したいという人が出てきたでしょう。

関本：夜間中学関係者も、あそこでエキストラで出ています。生徒、卒業生、先生も出ました。先生や生徒役をやったりしました。東京でいうと、成人の日本人生徒が、映画の前後を比べると倍になりました。巨大な影響をもちました。

前川：夜間中学のことをたとえばテレビで紹介してもらって、で、こういう人たちが学んでるという、そういうことを人びとが知るだけでも効果があると思う。通りいっぺんのアンケートでは出てこないけど、ていねいに掘り起こしていかないといけません。夜間中学での学びを必要としている人は半分以上あきらめてる人が多いと思う。ほんとうは学校に行きたかった、中学校に行きたかったけれども、そういう機会はもうないと思ってる人たちに、「いや、そんなことないです」「夜間中学はあるんです」と、「あるいはここにつくればいいんですよ」という、そういう眠っている学びたい気持ちを呼び覚ますような、心のなかにはいっていくような方法が必要だと思います。

関本：私たちは神奈川県弁護士会とも連携していますが、弁護士会も11月に映画の上映会をやってくれました。今年の2月には大和市で教育委員会の両方のダブルで後援をもらって上映会を開きました。政党5会派がみんな協力してくれました。自民党の議員さんは街頭演説で、「映画を見に来てください」と演説してくれました。上映後、見城さんのほかに、生徒のしんちゃん（秋元伸一）、そしてもう一人、30年前、ポルポトから逃げてきた、15歳で日本に来た、今は40代の女性が話をしてくれた。そのときは仕事をしていたので勉強できなかった。ところがとても素晴らしい旦那さんと出会って、結婚した。彼に離婚してもいいいと思って学校に行きたいというふうにいったら、彼の親も含めて協力してくれて、横浜の西中まで通ったという。大和市になんで夜間中学がないのか、夜間中学をつくってほしいと訴えました。議員さんに対するインパクトはすごいです。

それが終わったら、自民党の議員さんも幹事長も含めて、県央の各地で、各議会で陳情を出してほしいというところまで盛り上がりました。

（２０１８年2月11日、明石書店）

Ⅲ 外国につながる子ども

「いいものがいっぱい」ある多文化教育

善元幸夫×前川喜平

日本語学級教員としてのスタート

善元幸夫：私の教員としてのスタートは、江戸川区立葛西《かさい》小学校です。東京学芸大学を卒業しました。大学では、けっこうまじめで、どうせ教員をやるなら、いわゆる戦後の国民教育運動批判みたいな直感があり、教育現場の最もしんどいところに行こうと思って、中国残留孤児がいる江戸川区に行きました。そこで、4、5年やろうと思っていたら、気がついてみたらこの学校で14年間の勤務、子

どもとの出会いがあってここから抜けられなくなりました（笑）。

前川喜平：教員のスタートが、その江戸川の……。

善元：そうです。きっかけは学芸大学にいたときにある先生が、「東大の法学部は特殊部落だ」といいました。

前川：そういう言葉を使いましたか。

善元：もうびっくりで当時70年世代ですから私たちはラジカル（根本的）な改革を意識していたので、糾弾をはじめました。当時は教師と学生がガチンコ対決しても双方にそれを受け入れる雰囲気があった。のちにその先生と仲よくなって部落解放の自主講座をはじめていました。

前川：仲よくなったんですか。

善元：ええ。その後40年ぐらい経ち、かつての自主講座が進化し、私は学芸大学で生涯学習と同和教育を担当しています。そういう経験を経ていたので、教育現場の一番しんどいところから教育を見ていこうという発想はおおかたまちがっていなかったと思います。

私たちの世代は（１９６９年4月入学）まさに世界的な学生運動のさなか、大学にはいったら、「明日、バリケードに来い」っていわれ、当時、寮にいましたから、有無をいわせず。そんな時代でした。

前川：70年安保ですね。私は73年に大学にはいりました。

善元：そうですか。じゃあ一通り、終わってしまった時代ですね。

前川：そうです。だから私はもう、ユーミンの歌のように、「就職が決まって髪を切ってきたとき」みたいな時代です。もう若くないね、みたいな。

善元：「敗戦処理投手」ですか。

前川：敗戦処理してるなかにはいってったみたいなところがありました。

善元：私たちが4年生のときにはいってきた1年生が苦労していました。私たちが入学したときは何も怖くなくて、何でもできて、学問もラジカルに学ぼうという時代でした。

前川：私はそもそもノンポリでした。ただ、だんだん歳を経るにしたがってラジカルになってきたような気がする（笑）。

善元：ちょっと怖いですね（笑）。でも、私もあのころもった熱い思いは今も変わらないです。あの頃のことを隠して、やりすごしている人がいますが、私はやっぱり忘れられない。あのときのことを思うと、なんも辛くないし、怖くないし、面白いし。総合学習でよくいうのですが、「不安は楽しみましょう」「先がわかってる人生、面白くないじゃん」みたい発想があります。

私は最近「遅れてきた世代」が、私たちがもっていない冷徹な分析力をもっていると思っています。この間、前川さんが「生き方」として道を歩んでいる姿に前川さんの信念を感じます。どうも私たちの世代は「熱しやすく、冷めやすい」というような……。

前川：教師になったのは？

善元：73年です。江戸川区立葛西小学校日本語学級がスタートです。その当時の文部省には日本語学級という範疇がなかった。日本語学級開設当時は、1965年日韓条約締結後の韓国引き揚げ、その後1972年日中国交回以降の中国引き揚げの子どもたちがいました。

前川：今でもなく、明確な教育の指針がなかった。私が局長だったときに、日本語教育の特別の教育

課程が組めますという特例はつくりました。つまり、それまでは特例すらなかった。その日本語教育のカリキュラムの特例では、年間280時間を上限としています。

善元：今は障害児学級に準じてという形になっていると思いますが……。

前川：それは、東京都がつくっている制度だと思います。日本語学級という学級はもともと国の制度ではつくれない。

善元：美濃部都政のときに多様化の一環として制度をつくったと聞いています。

前川：ようするに、当時の東京都は文部省のいうことを聞かなかったのです。日本語学級は、東京都がよかった頃の名残で東京の公立夜間中学の半分ぐらいの学校に日本語学級がある。ところが、いまや東京は、いまでは文部省以上に酷くて、日の丸、君が代だって、文科省ですら、そこまでいってないというところまでやっています。

善元：日本語学級開設は江戸川区の小松川二中の夜間は早かったですね。
前川：そうです。最初は引き揚げの人が対象だった思いますが、今はニューカマーの人が多いでしょう。文科省のいいかただと、日本語だけもっぱら授業をする学級っていうのはつくれない。
善元：そうですね。
前川：でも現実に需要はある。これは学級とはいわず、カリキュラム上はその生徒さんたちはどこかの学年に編入されているはずになっています。そこで、本来その学年の学習指導要領に則った授業を受けることになっていますが、その総授業時数のうちの２８０時間までは日本語教育してもいいというふうにしてあります。そういう通知を私は出しました。
善元：それは何年です。
前川：２０１４年かな。
善元：それは全国的な通達ですか。
前川：ええ。とはいえ、これは中途半端です。ほんとうは、基本的に全部日本語からはじめる、たとえば1年間は全部日本語というようなカリキュラムでもいい、そういう学級を編制してもいい、そこまで認めなきゃ現実に追いついていない。現実があるにもかかわらず、現実に追いつかない制度改正しかしていません。中途半端な制度改正といえるでしょう。
善元：東京の場合は、すでに国が１９５３年（昭和28年）4月、中国からの引き揚げの子どもを対象に学級編制ができるという文部省初等中等局長通達があって、それにもとづいて日本語学級ができた。少なくとも教育現場はそれを積極的に解釈した。つまりたんに言葉を教えるだけでなく学級指導、学級経営ができたのです。法的な根拠ができたというので、日本語学級を生かそうと考えたのです。そういうはじまりだから、たとえば中国から来た残留孤児の子どもたちのように、日本語が母語じゃない子どもたち（日本人だけれども日本語が話せない）に、日本語教育や教育基本法に沿った教育ができると考えました。

でも、当初は、子どもたちの壁は「言葉の壁」だということで、一生懸命、機関銃のように教えました。カリキュラムも何もないような状態だった。その頃は、厚生省ががんばっていた頃です。私が教えはじめた頃でもテキストがない。探しだしても大人のテキストしかない。東京外大の留学生用のテキストがあって、それを使っていました。でも、子どもにはそれではダメだったので自分たちで子どもにあわせた教材作りをはじめました。さらにそれが教育実践のなかで大きく変化せざるをえなかった。子どもを教えこむ対象ではなく子どもには子どもの人格があり、そのような視点での「教育実践」です。

前川：そういうことは、ほんとうに必要です。

善元：教育現場から結論的にいうと、子どもたちのかかえている壁は言葉の壁だけじゃなかった。偏見にもとづく差別の問題、「中国人、馬鹿、汚い、臭い、帰れ」といわれるのです。

前川：そういう偏見や差別がやっぱりあったんだ。

善元：そうです。それがいちばん大きな問題だったと思います。日本語教育のカリキュラムに、語彙をいくつ教えるとか、文型をどう教えるというのがある。だけど義務教育課程ですから、教育にはもっと大きな人格の完成という目標がある。日本語学級の教師はとにかく言葉を教えるだけでいいのか。引き揚げの子どもたちを見ていると、中国から来た子は、自分を表すときには中国語を使うのです。その子たちにとっての母語《マザータング》の保全が重要だといいつづけてきました。たぶん今、ニューカマーのこともふくめ、そういう方向には来ています。当時は、どっちかというと日本語の先生は、日本語教育、言葉の先生みたい理解がありましたが、それだけではないなと思います。それは一言でいうと、日本に来ることにより、「意味のないもの、無価値でダメだと思わされてきたこと」、そのなかにこそ、これからこの子どもたちが生きる思想、根っこがあると考えたのです。

「日本人」とは何か

前川：今日、ここに来る前に、厚木で自主夜間中学、「あつぎえんぴつの会」に行ってきました。今日はじめて顔を出した生徒がいて、年齢は16、17ぐらいですが、名前は日本名で国籍も日本です。お母さんはフィリピン人で、お父さんは死んじゃったっていいますが、ほんとに死んだのかどうか、とにかくいない。だけど、1月までフィリピンに居て、日本語は全然できないという子です。お兄ちゃんがいて、6年前に日本に来ている。お兄ちゃんのほうは日本語もできるし、日本で仕事もしていて、日本で結婚もしている。そのお兄ちゃんとお母さんと一緒に暮らしている。お兄ちゃんとお母さんを頼って日本に来たのでしょう。

それで、その子は、今年の4月から定時制高校に行くといっています。定員内であれば採ってもらえるのかもしれないけど、あの日本語では卒業までは無理だろうと思います。日本語はまだほとんど話せない。「あつぎえんぴつの会」に週に1回来るだけでは無理だろうな……。そういう子どもが、たしかに増えてきていて、最近の統計でも日本語指導が必要な子どもが全国の小中学校で3万人以上いるという数字が出ています。そのうちの4分の1から3分の1ぐらいの国籍は日本です。今日私が会ったような子どもたちがたくさんいるんだろうな。

善元：私が最後に勤めたのは、２００３年から7年間、新宿区大久保小学校日本語国際学級です。教師としての最初の子どもたちは主に残留孤児の子どもだったのですが、新宿ではニューカマーの子たちです。大久保はよくコリアンタウンといいますが、実際には１３０の国の人たちがいる。コリアンタウンというのはマスコミがつくったもので、ここはまさに多文化の街です。最近は、ベトナム、ネパール、スリランカ、インドなどを含む西アジアの人たちが増えている。大久保小の子どものアイデンティティを考えるときは、国籍の概念ではもうわからない状態でした。いろいろな国際結婚の形の保護者がいます。一つの学校の生徒の7割が外国をルーツにもつ子どもでした。私がこの学校に赴任したとき、「臭い物には蓋をしよう」と管理職にいわれ子どもたちの実態を一切隠していた。だけど国際化推進の校長に代わり、「7割が外国にルーツをもつ」と発表した。実際には3割ぐらいが外国籍です。そうするとわれわれが子どもたちを見るときに、日本人とはなんだという話になってしまう。

私が教師になった73年頃は、日本人の高校進学率が95パーセントくらい。ところが残留孤児の場合は、50パーセントを切っていた。たとえば、15歳で日本に来たとして、その段階のハンデは一生ついて回ります。一般的には日本語は3年で追いつくといいますが、それは限りなく追いつくことはできるけれども、でもちがいます。本来ならば中国に居たときに、自分のもっている学力で行けるところが、日本に来たために行けない。そこで、入試の時間延長とか、入試のときに通訳をつけろとか、子どもたちを高校に入れる運動をやりました。それでも、子どもたちは高校にはいってみたけれど、長く続かないという事例もあった。

前川：高校の勉強になかなかついていけないということですか。

善元：そうです。

前川：やはり、言語、日本語の問題ですか。

善元：日本語の問題だけともいえません。子どもたちからいろいろ聞くと、やっぱり差別があった。いまから考えれば、残念なことですが、昭和28年の文部省通達はあまりにも差別に満ち満ちていた。中国から来た子は「親及び教師に対する態度は従順とはいえない」などといっています。

前川：そんなことが書いてあるのですか？

善元：あれを読むと、びっくりします。子どもたちの生まれ育った中国はよくない社会だから早く日本に同化させるという考え方です。

前川：その28年文書ってどこが出した文書ですか。

善元：文部省が出した「中華人民共和国からの邦人引揚児童生徒の転入学に関する措置について」（昭和28年3月13日）です。「政治教育が徹底し」「情操的陶冶が不足」とかともいっています。そして私が日本語学級の教員になった1970年代は中国から来た子どもたちは日本語を早く覚えるために中国語を使うなと言われたのです。母語が禁圧されるなかで子どもたちは自分のアイデンティティを喪失（アイデンティティ・クライシス）していくのです。

前川：心がすさんでいくのですね。

善元：すさまざるをえない。私はよく思うことがあります。残留孤児にせよ、ニューカマーにせよ親と一緒に日本に来る子どもたちは、自分の意思で、好きで日本に来た子どもは、私が知るかぎりは一人もいないということです。ある日まで、中国が好きで、中国の友だちがいて、中国の食べ物を食べて、中国語をしゃべっていた。だけどある日とつぜん、「じつはお前は日本人だ」といわれて日本に来た。日本に来たら日本の名前をもらうわけです。これは子どもにとっては耐えられないでしょう。

ある子どもは「俺たちがいる世界はない、まるで俺たちはいないみたいだ」といった。そういう声を聞くとこの子どもたちの教育は、言葉だけではない、語彙を増やすだけではないなと思います。

文科省の名誉のためにいえば、第一言語がしっかりしてると第二言語の日本語がうまくいくという考えが今は広まってきていて、文科省は母語維持については、だいじだといっています。

前川：たしかに、母語を維持しつつ日本語を勉強するというのはだいじだなと思いますが、日本語の学校の場合、母語を維持する手立てはほとんどとられてないでしょう。

善元：そうです。ボタンのかけちがいとでもいうか、この子どもたちの教育の指針がなかった。バイリンガル教育とよくいいますが、私もほんとうに、バイリンガルの人をほとんど見たことがありません。たいていは片言はしゃべれて発音がいいくらい。

私はある大学でも教えていましたが、そこの学生は半年くらいアメリカに行くことも多い。そうすると発音はうまい。だけど、語彙は圧倒的に少ない。つまり話にならない。18歳ぐらいの日本人の日本語の語彙はだいたい1万8000ぐらいです。アメリカで半年生活しても語彙はせいぜい5000

か6000です。ところが発音はうまく文型は200ぐらいはできる。するとしゃべれちゃう。とはいえ、微妙なことってわかんないんです。ことばは単なるツール（道具）ではない。ことばは文化（カルチャー）です。カルチャーとは本来「耕す」という意味があります。観光ガイドなどの通訳はそれほどむずかしいことではありません。しかし、翻訳となると別の話です。いわゆる帰国子女もそういうコンプレックスをもち、自分が何者なのか、根っこ、いわゆるアイデンティティが定まらない。言葉はそれくらいだいじです。

前川：どっちつかずになっちゃうのかな。

善元：そうです。

前川：私の知人にもいます。ほとんどアメリカ人のようになった子どもとか。ほんとに小さい頃にアメリカに行って、それからずっとアメリカで育って、アメリカの学校に行って暮らしている。中学生ぐらいの頃に日本に戻ってきた。兄弟同士は英語で話してる。でも、親とはむりやり日本語で話してるけど、できれば英語で話していたいっていう。そこまで英語のほうに傾いている。おそらく英語の語彙のほうをたくさんもっていて、日本語の語彙が少ない。

善元：私はJICAの仕事で、南米で日系の人たちに教えてる教師たちに（その人たちは3世、4世ですけど、もう5世もいるかな）、日本語を教えています。やはり悩むのは、語彙のこと以上に、文化とか、日本人とはなにかという、そのへんがわからないことです。

前川：そうですか。

善元：さっきもいいましたが、最初は江戸川区の日本語学級で働き、新宿に行ったときに、「校長先生、いまは国際化の時代だから、日本語国際学級に」と提案しました。日本語学級と日本語国際学級では全然ちがう。日本語学級というといわばひとつのハンデ学級です。日本語ができない子どものためのの学級です。引き揚げの子どもたちの教育は、当初は「中共」から来た問題の多い子どもをなんとかしなくてはならないという受け身ではじまりました。しかし、それを決めた昭和28年通達ですが、唯一すばらしい点は、市長村に「国語の理解、発表能力を中心とする基礎的学習能力を養う特設学級を設ける」としているのです。

日本語国際学級は学級経営もふくめた特設学級で、日本語学級をさらに進化させ、日本語ができないというのはその子の個性と見た。いろいろな子どもがいるし、能力もいろいろちがう。日本語ができないのはひとつの個性で、そのぶん、この子は自分の元の文化、母文化をもってる。そう考え、接すると子どもは安心します。下手な日本語でもいいんだ、というふうに。

子どもは好きで日本に来たわけではないのに、日本に来たら日本の名前で呼ばれたりする。家庭訪問に行くと、日本語しかしゃべれなくなってしまった子どもがいる一方で、日本語ができないお母さんがいっしょにいる。そうすると、どっちが勝つかというと、子どもが勝つ。「だって、お母さん日本語わかんないじゃん」。そして、親を馬鹿にしはじめていく。

前川：それはまた非常に不幸な話です。

母語を維持する教育

善元：それで私たちがとりくんだのは母語維持教育、そういうのをはじめました。すぐに子どもが、いい雰囲気になります。

前川：その母語維持教育って一体どうやるのですか。

善元：総合学習の時間などでします。

前川：ああ、まあ総合はなんでもできます（笑）。

善元：こんないいものないですよ。たとえば、中国から来た子は漢字調べ、です。発表しはじめたら、日本語のレベルはそんなに高くないのに、ものすごく深いところまで勉強していく。自分は中国人でいいということになると、自分の母文化の中国のことを深く調べはじめます。これはほぼ毎週やるわけではないけれど、月に1回ぐらいは総合的な学習としてやります。たとえば、タイの先生が、タイ語でタイの話をする。

前川：タイ語でやっていますか。

善元：そうするとタイ人のお母さんたちが喜ぶ。子どもたちが馬鹿にしはじめたお母さんを子どもが見直していく。そして親と子がつながる。そんなことをやっていきました。

私がいた新宿の学校では、一時期はクラブ活動で8言語の講師を招いて学習し、4言語で学校便りを出していました。親たちが必要があるのに学校に来ない。それは学校が出した連絡が読めないからです。そこで相手の側に立って相手の母語で便りを出す。そうすると来てくれるのです、また母語維持教室でタイの先生が来て、タイ語でタイの話をすると、奇跡が起こります。毎日、いわゆる社長出勤でいつもふてくされている子が、もうニコニコして来ました。

当時、母語維持教育は、タイ語の子はタイ語、韓国語の子なら韓国語でやっていました。

前川：それぞれの母語集団ごとですね。

善元：そうです。にもかかわらず、私が思うことがひとつあります。「みんなちがってみんないい」といいますが、私はあれはだめだと思います。新宿はものすごい狭いところです。そこにいろいろな国籍・ルーツの人たちがいる。多様な人たちがミックスするなかで、るつぼのなかで、自分を見いだしていくことも必要です。よくもわるくもお互いの個性を生かすアメリカ型サラダボールの文化ではないものを見いだそうと考えたのです。それでやったのが、韓国の太鼓ですね。これは大勢で韓国の太鼓をたたいている写真です。どれが韓国人かわかりますか。

前川：わかんない。

善元：この子はタイから。この子は韓国から来た子。これはカミングアウトした子です。

前川：カミングアウトというのは。

善元：国籍は日本人で、でも、ぼくのお母さんは韓国人だよといってきた。こういう子たちが、韓国の太鼓をやってると、自分の国の打楽器を思い出す。タイの子にタイの音楽やれではない。メルティングポット、溶け出していくなかで自分を見つけていく。親たちも、学校がそういう空間に変わることでうれしそうです。もうひとつ、学校のなかにいろいろな居場所をつくっています。ここが韓国の

コーナーで、ここは中国のコーナーで、ここはタイのコーナー。

前川：これは親子で、タイ語でタイの文化を勉強してる？

善元：そうですね。決して同化ではない親子で母文化を学ぶのです。

前川：そうですか。

善元：そうすると日本語学級のイメージがガラッと変わります。日本語学級だけど国際的な感覚です。しかし、ニューカマーの子どもについては残念なことがあります。中国や韓国からの残留孤児に対して日本政府は意外とケアしました。だけどニューカマーになると話は別です。今でもニューカマーの子どもたちの高校進学は50パーセントを切ってる。

前川：残留孤児は日本人だということなんでしょう。他方、ニューカマーは外国人だというのでしょう。日本には、政府だけではなく、国民のあいだにも日本人なのか、日本人でないのかというところでものすごく区別するというところがあると思う。同じように日本語ができなくて、日本に来たという子どもでも、その子が日本人の血をひいてる日本人であるか、外国人であるかで、扱いがちがう。

善元：そうなんです。これらはみな親の事情、社会の事情なんです。しかし私があえて強調したいのは、子どもにしてみれば好きで来たわけじゃない。ある日突然、移動して「オレなんでここにいるの」です。

前川：子どもは、自分の意思で来ないから。

善元：子どもはすぐ環境に慣れて言葉もすぐ覚えるといわれます。私が知ってる限り、それは嘘が多い。子どもだから悩む。大人は意外と、「ま、こんなもんだな」といってなんとか落としどころを見つける。ところが、子どもは「なんでオレが馬鹿っていわれなきゃいけないの」と悩む。

中国から来た残留孤児の子どもに、来たばかりのときに聞いてみます。「问你你是中国人吗？　日本人吗?」って。

前川：すごいな。

善元：いやいや、私はプロだから、相手の言語も学ぶ努力をしています。「あなたに聞くけど、あなたは中国人？　日本人?」って聞きます。そうするとあの子たちはほとんど、「我是中国人（私は中国人です)」というんです。

もちろん、本人は残留孤児だということを知らないわけではない。だけど、「あなたは中国人？日本人?」と聞くど、「中国人」だと答えるのはなぜか。国籍ではない、魂です。それが半年ぐらい経って同じことを聞くと、答えられなくなる。

前川：アイデンティティがゆれてくる。

善元：そうです。「ええと……お父さんが日本人で、お母さんが中国人だから……」、みたいに考えてしまう。さっきもいいましたが、私が教員になったころは機関銃のように、今日は言葉をいくつ教える、文型、発音を何時間やるというぐあいにやりました。でも心が満たされないと、日本語がはいっていかない。根っこが無くなるというか、アイデンティティが壊れていく。

そう考えると、問われてくるのはこの子たちじゃなくて、この子たちを受けいれる日本という「国の枠組み」かなと思った。そこで私たちはこの子たちを「中国系日本人」「韓国系日本人」と見た。そうすると腑に落ちる。アメリカの場合、スコットランド系アメリカ人とか、イタリア系アメリカ人とか、多様なルーツをもつアメリカ人がいます。日本もそういう発想ができれば変わると思います。

面白いのは、大学で教えるときに、学生に日本列島に一番先に来た人たちは、何語を話していたのかと聞いてみる。ギクッとしますね、学生たちは。「日本人は」じゃないです。「日本列島に一番先に来た人たちは何語をしゃべってたんだろうね」です。そうすると学生たちはわからなくなってしまう。じゃあ、どこから来たのかなって聞いてみる。

前川：南からも北からも来ているでしょう。

善元：縄文人は北方から来ています。マンモスを追ってきたようです。氷河が溶けて今度は南のほうからも来る。両方をひっくるめて縄文人だと呼んでいる。圧倒的に長い期間が縄文人の時代で、つい最近来たのが中国・朝鮮系の弥生人だというと、「あ、そうか」のような反応です。西郷隆盛が勝海舟と江戸城の無血開城をやる。ドラマでは、「おはんは、＊＊＊＊でごわす」とかいうけどあれは嘘でしょう。全然通じなかったはずです。

前川：言葉がちがうわけだ。

善元：そうです。そこでどうしたか。当時は藩（国）が異なればことばも通じない。謡曲で通じあう。謡曲はお手本があるから、知っていればわかる。2日後、江戸城を明け渡すときは、薩摩邸でやったらしいんですけど、文献には残っていない。しかし、テレビでみるようなやりとりはありえません。最後はどうしたか。漢文・中国語です。つまり日本の支配者階級は武士社会も含めて素養として共有する言語は外国語である。

前川：朝鮮通信使と同じですね、そこまでくると。

善元：同じ時代の日本のなかでもすぐに言葉が通じないんだから、縄文人と弥生人は通じるわけがない。そんなことを考えると、「日本人とは何か」、日本語学級で学習を支援する側が考えざるをえない。かんたんに答えられるものなのか。

前川：日本人という芯があるかというと、一枚一枚皮を剥いていくと、結局、日本人というその本質はないという気がする。

善元：ええ、やはり前川さんの方が私よりラジカルです。日本の大きな神社に行くと、社がいっぱいあって、奥の奥の最後の社にあるご神体は鏡や刀や木だったりして、つまりはあまり実態がない。日本とはいったい何だろう。私も日本人の意味を引き揚げやニューカマーから問題を突きつけられたような気がします。私はいうんです。「人間っていうのは土から出てきたんじゃないよ、天から来たのもちがうよ、どっかから来たんだから」っていうと、そうすると、「言葉がちがうのは当たり前だと思える。顔もちがいます。つまり、もともと日本人とは多様な人の集まりです。

世界には、人によって数え方がちがいますが、言語が6000とか、8000とかあるという。方言を一つとして数えると、1万2000という数字もある。だけど、今、世界で使われている文字はたった28しかないんです。

私はここ10年間、アジアの視点で沖縄戦の聞き取り調査に行き、今は、毎年、小・中に授業をつくりに行っています。沖縄にはいっぱい言語があります。宮古と八重山では全然ちがいます。だからそういうことを織りこんで授業をやっていくと面白い。今では日本は単一民族とはいわないと思いますが、では日本民族を構成している民族の数はというとどうもそれをはっきりさせてこなかった。だから難民もほぼ受け入れてこなかったという気がします。

前川：そういえば、インドネシアは国語を統一できなかったので、マレーシアからマレー語を借りてきてインドネシア語にしています。インドネシアの公用語はバハサ・インドネシアといいます。公用語にしている言葉というのは、じつはジャワ島のジャワ語などとはちがい、マレー語をそのまま借りてきています。なぜそういうことをしたかというと、インドネシアは島がたくさんあって、島ごとにちがう言葉を使います。それは、八重山とか宮古とかが沖縄本島とも言葉がちがうというのと同じだと思います。人口では、ジャワ島のジャワ語がいちばん多いらしいけれど、それでは結局みんな通じないところがあるそうです。ところが、マレーシアは商業国家なので、マレーの近くの港でマレー語が使われている。港で貿易に使っていた言葉がマレー語だった。インドネシアの港でもマレー語が通じる。だから、マレー語が共通語になっている。そこで、マレー語をそのまま借りてきて、それを人工的に、これをインドネシア語にすると決めてしまった。

私は、ユネスコの代表部というところに勤めていたことがあって、そのときにマレーシアの代表部の人とインドネシアの代表部の人がぺらぺらしゃべっていました。「どっちの言葉でしゃべってるのか」と聞いたら、「それぞれ自分の言葉でしゃべってるんだ」といっていました。つまり、幕末の西郷と勝海舟よりも近いんだとわかった。

それから、もう一つ、インドネシア語は、文科省からもインドネシアの大使館に行ったりする人がいますが、その人たちがインドネシア語を勉強してきます。聞いてみると、勉強しやすいといいます。動詞には過去も未来も現在もなくて同じ形で、「私、昨日学校に行く」というか、「私、明日学校に行く」のように。時制はちがってくるけど、行くは行くというだけ。だから、go が過去だったら went になったり、未来だったら will go になるというふうに変わらないので覚えやすいといっていました。名詞の複数形はどういうふうに表すか。単数形を2回くり返すそうです。なるほど、それは日本でもそうだなと思った。山々とかね、人々とかね、日々とか。とにかく、名詞を2回くり返すことでたくさんあるというのを表すのは日本語でもそうだな。これはやっぱり、南方系の言語が流れ着いた影響でしょうか。

善元：そう思います。ヨーロッパに行くと地続きだから意外と普通のお店の売り子さんが2言語で対応しているのに気がついたことがあります。あのプライドの高いフランス人は英語は話さないといわれていますが、実際行ってみるとけっこう英語で話してくれた（笑）。

前川：ある民族、ある文化をもった人たちが住んでるところに別の文化や言葉をもった人間がやってきて、もと居た人たちを新しくやってきた人間が支配する。そうすると、支配、被支配の関係が生まれます。この民族と民族のあいだで、どういうことが起こるかというと、文法は支配民族、支配者の文法になる。しかし、語彙は被支配者の語彙が残るといわれています。日本語は、朝鮮語、モンゴル語と文法はよくにているけど、語彙はだいぶ違う。もともとの大和言葉のなかにある日本語の語彙と、韓国の語彙とはだいぶちがいます。つながってないという感じがするんですよ。だけど、「ハムニダ」と言うと肯定形で、「ハムニカ」と言うと疑問形だと。「ダ」で肯定で、「カ」で「アニョハシムニカ」って、「カ」で疑問形になるというのは、なるほどなと、文法はにてるんだなと思ったりね、

善元：おもしろいことに日本語は世界の言語分布図でいうと灰色でまだ不明らしいです。飛鳥などの支配者たちは百済語で話が通じたという人もいます。

前川：灰色？

善元：どこの言語なのか系統がわからないからです。私は、琉球大学で教えていた頃、3年ぐらい、ベトナムの少数民族のところに通っていました。川を車で越えていくような所です。ベトナムの共通語はキン族の言葉です。キンというのは北京の京です。

ベトナムには54の少数民族があるんだけど、キン族以外の子どもはキン族の言葉と、自分たちのうちへ行くと自分たちの言葉があるんです。私もベトナム語をやろうと思いました。はじめてみると、語彙の6割は漢字語・中国語です。それがわかってくるとむずかしいと思って学んだベトナム語に愛着というか、けっこういけるという感触をえました。日本、ベトナム、韓国は漢字圏なのだというこ

とでけっこう共通の単語がわかってくる。

前川：私も、ベトナム語を勉強している人と知りあいになったことがあります。語彙はやさしいといってました。日本語の抽象的な概念、日本人が明治期に自由とか独立とか国家とか哲学とかを欧米の言語から漢語をつかって訳しました。それらがそのままベトナム語にもはいっているそうです。日本語で使っている漢語、「自由」とか「独立」という言葉を、それをそのまま漢語からベトナム語読みすると通じるといっていました。だからむずかしい言葉はほとんど覚えなくてもいいそうです。たとえば英語だったら哲学は「フィロソフィー」だと覚えないといけないけれど、哲学をそのまま、その音を表すベトナムの言葉に置き換えるとだいたい通じる。

善元：ベトナムで普通の人と話していて息苦しくなったら「ホンダ」というんです（笑）。日本人で琉球大の先生が教えてくれたのですが、「ホンダ」の一言でその場の空気は一瞬にして和む。オートバイのホンダです。これは私がベトナムのハノイで体験した2013年前後の話です。ベトナムではバイクが主要な交通手段ですが、ホンダのバイクがたくさん走っています。

視点を変えてみよう

善元：ところで、新羅があったところに行ったことはあります？

前川：朝鮮の古代国家の新羅ですか。慶州《キョンジュ》に行ったことがあります。

善元：三国時代の新羅です。

前川：仏国寺は新羅時代につくられたお寺ですね。
善元：そうです。かつてあの国の支配層は、ドラヴィダ族だといわれます。インドにドラヴィダ族がありますが、そこからアーリア海に押しだされた人が、海を渡って、一つの流れは日本に来て、もう一つは新羅に行ったといいます。
前川：その説は面白い。
善元：韓国の文献では、新羅は遅れているとか馬鹿にされています。彼らの言葉が変だとか、仏教の受容も高句麗・百済にくらべて遅れたとか。今は、発掘が進んできて、ドラヴィダ族の文化が出てくる。その結果、新羅の文化が以前よりもよく分かってきました。
前川：そうするとスリランカの人たちとＤＮＡが近いということですか。
善元：近いかもしれないですね。これをどう考えるか。おくれていると思われていた新羅の文化、新羅を海洋民族と考えてみるとどうなるか。
　東京を中心に考えると沖縄は辺境にある。宮古島でずっと授業をつづけていて、子どもたちといっしょに考えた。自尊感情をどうもつか。よくやる方法に地図を反対にするというのがある。そこで、宮古島を中心にしてみました。そうすると、仲介貿易の中心としての沖縄が見えてきます。
前川：万国津梁《ばんこくしんりょう》、海洋貿易民族ですね。
善元：今まで見慣れた地図では、宮古島は一番下のほうにある。だけど自分たちが中心だと地図をひっくり返したら、ちがう世界がみえてきた。
前川：たしかに日本地図で、沖縄だけ卒業式に出られなかったお友だちの写真みたいになってて、あれはよくない。

善元：そうなんです。

前川：沖縄なり、宮古なり、あるいは八重山でもいいんだけど、そこを中心にして地図をつくる。それはいい考えです。

善元：まさに沖縄から世界が俯瞰できる。日本海側を裏日本といういいかたをしますが、それをひっくり返した地図もある。そうすると、日本海が大陸と島々とを結んでいる海だったというのが見えてくる。あの地図はいい試みです。

それで、海人《うみんちゅ》としての自分たちの誇りが見えてくる。15～16世紀に中継貿易をしていた琉球王国がみえてくる。

前川：自尊感情というところにつながる話ですね（笑）。一言で「日本人」というけれど、いろんな人たちが日本海や東シナ海を通して、あるいは黒潮に乗ってやってきて、それで歴史をつくってきてるわけです。

善元：そうです。発想を変える必要があります。

前川：天皇は万世一系だっていうけど、継体天皇は絶対つながってないと私は思っています。あれは越国《こしのくに》から来たと言ってる。今でいう越前のあたりがルーツで、それは応神天皇の5代目の孫だ。だから根っこは同じ万世一系だというけど、あそこで王朝は変わっているとみるほうが自然でしょう。つまり、朝鮮半島から進んだ文明をもった人たちが、日本海側に移り住んできたと思います。そのなかで強大化した、力をもった人たちが越国に居て、それが大和にやってきて、それまで居た連中を追い払って自分たちの王朝をつくったのでしょう。

善元：ただ、今の天皇はある意味では立派な人で、ちゃんと自分たちは渡来だと出自を語っています。韓国では大きく新聞に出ました。

前川：桓武天皇のことをおっしゃった発言ですね。私は出身が奈良県です。

善元：御所《ごぜ》ですね。2年前にあそこに講演に行きました。総合学習で呼ばれると、どこでも行きます。

前川：私が生まれたのは、御所市ができる前にあった南葛城郡秋津村です。昔の葛城族が居たところです。その葛城族が渡来系だといわれています。山を越えると、堺の海です。堺を通じて外来文化が通っていった場所だろうと考えられています。4世紀、5世紀の話ですが、海外との窓口的な役割を負っていたのが葛城族です。私のルーツはそのへんにあります。葛城族かどうかはわかりませんが……。

善元：そのころは弥生人と縄文人が交わっていきます。一般的には弥生人が縄文人を支配したといわれますが、縄文人の思想は文化的にも哲学的にもものすごいものがあって、今でも日本人の考え方に影響を与えていると思います。

前川：朝鮮系の血は相当色濃くはいっているだろうなと思います。

方言は魅力的だ

前川：文部省は、学校教育のなかで方言を無くそうという方針をもっていました。明治の頃にとにかく共通語をつくらないといけない、津軽の人間と薩摩の人間が全然話が通じない状態では困る、軍隊をつくっても、前へ進めと号令したらみんなが前に進まないといけないし、撃ち方止めといったら、みんなが止めないといけない。同じ号令でみんなが一斉に動くように国民をトレーニングしなきゃいけない。そのために共通の言葉をつくった。

善元：国民国家ですね。

前川：国民国家をつくるためにはやっぱり国民の言葉をつくるといって、「国語」をつくったわけです。それを普及させるための装置が学校だった。そこではとにかく方言を使うな、と厳しく教えた。私も本でしか知りませんが、「方言札」というのがあったといいます。沖縄では沖縄の言葉を使ったらだめだといって「方言札」を首にかけられたという。学校では日本語使えという。いわば母語を使うな、国語だけを使えと強制しました。

私が文部省にはいった頃の学習指導要領には「訛りなく、話せるようにする」と書いてありました。とにかく方言をなくしていく、標準語を話すようにするんだといっていたわけです。方言についての肯定的な言及はまったくなくて、むしろ、「訛り」という言葉で表現されていて、よくないもの、排除すべきもの、こういう思想が国語の学習指導要領の中心にあった。でも今は、それが変わってきて、方言を大切にしましょう、方言も学ぼう、というふうに国語の学習指導要領の記述が変わっています。

善元：いつぐらいからですか。

前川：20年ぐらい前じゃないかな。

善元：私は方言札は戦後はもうなくなったと思っていました。ところが、沖縄の離島では戦後も残っていたところがあって、戦後生まれの今55歳ぐらいの人から、「善元さん、私は方言札《クルフダー》つけられました」と聞かされたことがあります。もちろん、正式な方言札ではないはずですが。学校の問題も大きいのですが、方言をなくした一番の犯人はやっぱりＮＨＫではないですか。

前川：ああ。そうでしょう。

善元：昔は、試合のあとのインタビューで野球の選手がわけのわからない言葉をしゃべっていました。今、みんなていねいに標準語（共通語）でしゃべってるから面白くないです。

前川：いや、方言は、どんどん無くなってると思います。私が宮城県の課長になったときって、１９８６から88年です。国の役人は、30歳そこそこで、県の課長に出向します。

私が宮城県に行ったときに50代の課長補佐さんが二人いました。この二人の課長補佐のうちの一人が、何をしゃべってるかわからなかった。宮城県も北と南で言葉がちがう。仙台を中心にして、仙北、仙南といってましたが、仙北の人の方言はかなり強くて、そもそも日本語の辞書にない言葉を使うわけです。「どこどこ行ってごしゃがれた」っていわれた。

善元：ごしゃがれた?

前川：叱られた、怒られたという話なんだけど、「ごしゃぐ」っていう動詞です。それから、恥ずかしいを「おしょすい」という。

まったく知らない言葉を使うからわかるわけないです。発音がちょっとずれてるとかだったら、なんとか通じるかもしれない。だけど、まるで私の辞書にはない言葉を使われちゃうと、もうわかりようがない。だからそれはもう、「え、今のどういう意味ですか?」と、聞き返してもそれをだれかが共通語に翻訳してくれないとわからなかった。課長と課長補佐のあいだのコミュニケーションがとれないことがありました。

でも、「ごしゃぐ」とか「おしょすい」とかっていう言葉を、仙北の人でも、若い人は全然使わない。今でも70、80代の人は使ってるかもしれないけれど。たとえば築館《つきだて》の高校生も、「ごしゃぐ」とか「おしょすい」とかっていう言葉はつかわないでしょう。

善元：そういう意味ではユネスコ勧告の消滅言語ですね。

前川：そう。もったいないなという気がします。

善元：沖縄語はそれにくらべるとぎりぎり生き残るかです。まだ少し使われてるから。

前川：そうですか。やっぱりＮＨＫの影響は大きいと思います。教育にかぎっていえば、20年ぐらい前まではとにかく方言は無くすべきだという方向で国語教育をやってたことはまちがいない。

善元：一国家一言語だったのでしょうか。

前川：それはあるでしょう。

善元：フランス革命のときに、革命政府の布告が、フランス人はフランス語を使えとした。近代合理主義で効率がいいのはたしかかもしれませんが、言葉の味をなくすのはおかしい。

前川：やっぱり方言でしか表現できないものがあります。

善元：絶対あります。

前川：私は奈良の田舎で育ったので、奈良の田舎の言葉で、その言葉でしか表現できないものがあります。たとえば、今は東京でも「しんどい」という言葉を使うけど、「しんどい」はもともとは関西弁でしょう。「ああ、しんどいわー」という。関西弁の「しんどい」はやっぱり「しんどい」でしか表現できない、「疲れた」でもないし、「気分が悪い」でもない。やっぱり「しんどい」は「しんどい」です。私の場合は母語が関西弁です。八つまでしかいなかったんですが、御所で育ちました。そこで使われていた言葉で、やっぱりそこの言葉でしか表現できない感覚があります。

善元：沖縄にもいっぱいあります。関西は抑揚が強いですね。東京の言葉は少ない。私は関西弁を聞いてて思うんだけど、中国語ににています。

前川：四声（中国語の発音法）ですか。

善元：「今、何時、あんた何言うてまんねん、ほな行きまっか、どないすんねん、そこちがうねん」みたいな。

前川：すごい（笑）。関西弁も使えるんだ。

善元：一応言葉の教育の先生ですから。関東から北の方は、やっぱりぼそぼそ言葉です。これは韓国語に近いです。KBS（韓国の放送局）のアナウンサーの「안녕하십니까（アンニョンハシムニカ）」みたいな。地方の言葉がわかると面白い。ちがいが楽しめるのがいちばんいい。それを全部国家が統一しようとして、言語政策も教育も、なにか効率性でやろうとすると必ず問題が生じる。

前川：おっしゃるとおりだと思います。だから、もういっぺん、かなり手おくれだけど、方言を復活させていくということもだいじだと思う。それから、いろんな国の人たちが一緒に住む社会になっていくんだから、私は、外国語を勉強するときに、英語ばっかりじゃなくて、身近にある言語を、もっと勉強すべきだと思います。中国語や韓国語は、日本の小学校中学校でもっと勉強したらいいと思います。

善元：かつて福岡の小学校で、隣国の言語・韓国語の授業をやってたのがとてもすてきでした。文科省の学習指導要領には、「外国語」と書いてるけど、イコール英語みたいになっている。

前川：そうです。学習指導要領には「英語」とは書いてないんです。「外国語」と書いてあるだけです。検定教科書は英語の検定教科書しかないけれど、実際私立の中学校だったら、英語じゃなくてフランス語やドイツ語が正規の科目だという中学校もあります。中国語でもいいし、韓国語でもいい。

善元：そのへんが教育のとらえどころで全部上意下達の気がします。しかも今回の学習指導要領は教育の方法まで、詳細に書かれていて、勘弁してくださいです。

前川：そうですね（笑）。

善元：私はこの言葉に10年は責任もちます。今回の指導要領のキーワードの一つが「資質・能力」ですが、現場の先生は授業のときに「資質・能力」なんか考えません。10年前は「基礎・基本」でしょ。最初は「基礎基本」といったけど、ずるいから「基礎・基本」になっていた。基礎はわれわれも論議できる。基本も論議できる。そこで基礎・基本と造語しちゃう。つぎの出てきたのは、「基礎的・基本的」です。「的」をつければいいってもんじゃないですね。少し乱暴ないい方ですが、現在、授業案を作るとき、かつてのような「基礎的・基本的」というキーワードをいれて作成する人はほとんどいないと思います。ですから、今回の「資質・能力」という視点で授業の指導案を作成するというのも10年ももたないと思うのです。

前川：文科省の人間だってね、真面目に区別なんかしていません。

善元：そう。あえてもう一度強調しておきたいと思います。前回の改訂にしても5年もたなかった。今、われわれが授業をつくるときに、基礎・基本で評価基準がどうのこうのやってる人はいません。

前川：あんまり真面目にやらないほうがいいです。学習指導要領には法的拘束力があるといって、これが最低基準だといってますが、もとは手引きだったにすぎない。今でも手引きというか参考書みたいなものだと考えておいたほうがいいと思っています。ただ、前回あたりからものすごく（今回はさらにそうかな）このように教えなさいっていう教育方法について事細かに書きすぎです。

善元：あれはありえない。そこまで言われたくはない。はじめに子どもありきです。

前川：ですね。私は、学習指導要領どおりにやらなきゃいけないということを考えないようにしたほうがいいなと思います。どうも文科省さんはこんなことをお考えのようだなということを知っとくぐらいでいいと思う。

全国学力テストは、百害あって一利なし

善元：ところが諸悪の根源が、全国学力テストです。私も教育の研究集会などでよばれていろいろな地方に行きます。面白いことをやってる学校はじつにたくさんあります。でも、最後には学力テストでやられちゃう。現状では下から何番目だとか。結果として競争をあおっているだけです。

前川：せっかくのとりくみが、テストの結果に表れないということで、あちこちから圧力がかかるのですね。

善元：そのために過去問題をやったりしています。先生たちはばかげていることを知っています。だけど、やっぱりやらないとならない、結果を出さなきゃいけない、と追いこまれている。

前川：これはやっぱり罪です。全国学力テストが、２００７年からはじまりましたけど、最初にいいだしたのは中山成彬さんという当時の文科相です。あの人が、子どもたちを競争させなきゃいけないといいはじめました。そのためにはテストするといって、そもそもその発想が問題なんだけど、政権与党の側からも大臣に限らずいろんな人が全国テストが必要だといいはじめた。当時の文部科学省は全体としてそれはやめたほうがいいな、と分かっていた。全国学力テストは60年代にいっぺん失敗しているわけです。過熱化して、非常に歪んだ競争が起こった。その失敗がトラウマになって残っている。だから、本気でやりたいと思ってた人はいなかった。だけど、役人は、情けないんだけど、いっぺん始めたことはやめられない。いやいややらされてはじまったんだけど、はじまったものはやめようという話にはならない。

やめようというのも、政治の力でやめましょうっていってくれないとやめられない。民主党政権になったときに、サンプリングに変えました。ところが、自民党が政権に復帰したらまた戻った。

競争が質を高めるという、競争原理、市場原理、これに対する過度の信仰、信頼があります。新自由主義的な考え方の人、とにかくなんでもいいから尺度をつくって評価して、それで競わせる、競うことによって全体の質が高まると信じこんでいる人がたくさんいます。竹中平蔵はその最たる人です。

そういう新自由主義的な考え方が蔓延して、教育の世界も相当それに毒されているところがあります。しかも学力調査は、文部科学省は民間のベネッセなどに委託している。

善元：ベネッセの一人勝ちです（笑）。

前川：ただ、やるやらないは学校設置者の判断なんです。悉皆調査だと文部科学省はいってるけど、悉皆を強制する法律はない。実際、私学は半分ぐらいしかやってない。公立も最初やったときには愛知県犬山市が「うちはやらない」といいました。犬山市は、自分たちのやってる教育改革には合わない、といった。犬山がやっていた教育改革というのは、文部科学省がいってた新しい学力観と同じものだったのですけど。

自分で考える力をつけるといっていました。それはまさに文部科学省もそれがほんとうの学力だといってた。犬山市教育委員会は、自分たちが考える学力というものと文部科学省がやろうとしてる学力テストとは合わない、文部科学省がやろうとしてるテストでは学力は測れないし、ほんとうの学力を高めるものにはならないといって、参加しなかった。私は、参加しないところがあるほうが健全だと思う。すべての市町村、教育委員会が参加するほうが不健全です。

善元：まったくそう思います。私も最近、犬山市に行ってきました。教育委員会に江戸時代の藩校の気概が残っていて、国が押しつけてくるものに対する抵抗があったのでしょう。

前川：不健全だし、不自然だ。法律で強制してるんだったらまだしようがないとは思います。それでも拒否するところがあったほうが健全だと思うけど、必ずやりなさい、っていう法律なんかない。1700以上の市町村教育委員会がみんな手を挙げて「うちはやります」といってるという状態です。やらなきゃいけないっていう忖度が働いてる。こうやって変な競争が過熱化している。川勝平太静岡県知事みたいな人がいて、学校ごとの点数、評価まで公表するといいだした。

善元：わけわかんないですね。

前川：順番つけるのがいいと思いこんでいる政治家がいるから、こんなことに使われちゃたまらないと、だったらもう参加するのをやめようと考える市町村教育委員会が出てきてもおかしくないと思う。

善元：そのことについて思うのは、文科省のやってることが、いかがなものかというのがありましたけど、それを容易に受け入れた教員の側にも問題があったのかなという気がする。本来は、一度だめだということで止めたものが舞いもどってきた。こんなことをいって悪いけど、学者がひどかった。

学者はもっと正直に意見表明すべきだと思いました。いま、大学は「コアカリキュラム」作成でシラバスに評価を盛りこまされ苦労をさせられているようです。

ブッシュ政権に、ラビッチという教育長官補佐がいました。日本の教育を見て競争を導入すべきだといって日本にも来ました。ところが、後になって、本人がこれはまちがっている、公教育に競争の原理を入れたら駄目になるんだという、自己批判する本『偉大なるアメリカ公立学校の死と生』（協同出版）が日本語でも出版されています。

日本の学者は、われわれ教員にそれをちゃんとインフォメーションしてくれればよかった。教員は多忙だから勉強する暇がない。でも、アメリカでやってみたものがだめだったとわかれば、みんなが「えっ？」っと思う。ところが、そのとき何もやらなかった。もっと悪いことにはオバマさんはその教育政策を引きついだ。だけど、あのとき日本の学者がこれは絶対おかしいって、日本の真似事をしても、それが公共性のなかに競争原理を入れてもだめだったというべきでした。

前川：でも、文科省がいちばん悪い。ただ、くり返しになりますけど、文科省も全国学力テストをやりたくなかった。政治の力でやらされちゃったっていうところがある。だから一生懸命、過度の競争にならないようにということはくり返しいってきた。だけど結局、都道府県ごとの平均点を出しますから、1番から47番まで序列化される。大きな傾向としては北が上位に行き、南が下位に行きます。そして、沖縄が最後だというのが出てしまう。

善元：沖縄に厳しいです。かわいそうです、ほんとに尻叩かれてますよ。ノイローゼの教員がいっぱいいます。

前川：だからほんとうにいいことは全然ない。

「主体的学び」の落とし穴

善元：お聞きしたいことがあります。私は文科省がやったことのなかでいちばんよくなかったことは、学校教育法の30条を変えたことだと思います。これです。「生涯にわたり学習する基盤が培われるよう、基礎的な知識及び技能を習得させるとともに、これらを活用して課題を解決するために必要な思考力、判断力、表現力その他の能力をはぐくみ、主体的に学習に取り組む態度を養うことに、特に意を用いなければならない」。

前川：ああ、学力のところですね。

善元：学力は時代ごとに変わるものです。

前川：法律で学力を決める、なんであんなことまでしたんだろうなと思います。

善元：昭和の学力と、平成の学力と、あるいは明治の学力というのは、変わっていくものです。だから面白いのに、「学ぶ力」を法律で決めてしまう、しかももっとわけのわからないのは、「主体的で対話的で深い学び」とありますが、では私たちは今まで浅い学びをやっていたのでしょうか。

前川：屁理屈こねまわしてるところがあります。学校教育法の改正もちょっとあそこまで法律で書く必要は全然ないと思うし、法律に書いてしまったら今度は法律を変えない限り、学力の考え方を変えられない。新しい学力観といって学力の考え方を変えたわけだけど、法律にもともとあったら、法律を変えない限り変えられないということになりますね。

善元：すると当然、現場の教育との整合性もなくなってくる。私はあのなかで一番怖いのは「主体的」という言葉だと思います。一般的には子どもたちが主体的に学ぶのはいいことだといわれるかもしれませんが、いま、日本の社会全体が、あえていえば「愛国的状況」のなかで主体的といったらちょっと怖いと思いませんか。

前川：なるほど。

善元：私はこのことをニューカマーの子といっしょに学習する場面として考えています。アジアから来る子どもたちに過去の戦争をどう思うか、視点がちがうのです。日本を軸に考えるか、もっと広いアジア的な観点でみるのか。私は、ニューカマーの子どもを前にしてアジア的な観点から授業を展開します。今の日本の状況のなかでやったら、「あんたのやってることは、主体的でなく、それは暗い」といわれるかもしれない。もっといえば、「日本人の主体的学習」とはちがうといわれるかもしれない。今までは学習違反だっていわれたけど、これからは、あなた法律違反ですよといわれるかもしれない。

ほんとうにおかしい。

前川：主体的というのが、日本人の主体みたいになっていく可能性は否定できませんね。主体的という言葉が独善的に転化してしまうような感じでしょうか。

善元：この対談のはじめに戻るようですが、私たちが前提としている日本人とは何かということです。「多様性」という枕詞を掲げつつ、多様性がどんどんなくなって、中央集権化するシステムをつくることに教育が加担するのではないか。そのへんを見ていかなきゃいけないと私は思います。

カリキュラムという言葉にはもともとフットステップ、渦巻、螺旋という意味があります。一人ひとりの「学びの履歴」がその人の学んだこと、つまり学力で、だからこそ競争した学力にはほとんど意味がない。

前川：学習指導要領の英語訳としてずっと使っていたのは「コース・オブ・スタディー」です。それは、一人ひとりコースがちがうということ、一人ひとりが学ぶ道を指している。カリキュラムはもともとそういう意味だと思いますが、一人ひとりがたどる道がちがうという、そういう考え方だと思う。

善元：地域には地域ごとの学びがあり、私が定期的に授業をしている沖縄は沖縄の学びがある、ということですね。だから沖縄の地図は全国地図のはしっこを切った地図で勉強してもしようがない。

前川：あれは少なくとも沖縄で使うべきではないです。沖縄を真ん中にした地図を使いましょう。沖縄はもともと琉球という一つの国だから。

善元：事実関係でいえば、かつて沖縄は「琉球王国」であったということです。だからいま改めて「日本人」というときに、どこまで自分たちは日本を意識してるか。たとえば、日本の教科書は、アイヌっていうのはあんまり意識してない。だけど、うちなる民族というか、うちなる国際化、多民族性を主張していかないと、ただ一つの愛国になってしまう。
最近では、環境教育を「持続する社会」という観点ですすめています。いいなと思います。考えてみれば、持続する社会とは、社会が持続するために人間がいるっていう前提です。

前川：なるほど。

善元：最近はやりの「キャリア教育」もそういう観点から見なおしてほしい。本来のキャリア教育というのはライフサイクルで考えるべきです。なんとなくニート対策でやるみたいで違和感を覚えます。

前川：社会のほうが先にあって、社会のために人間が使われているような、そういう逆転した発想がちょっと増えてるのかもしれません。

善元：キャリア教育という言葉を調べてみたら、文科省がいいだしたわけではない。内閣府の人間力戦略会議がいいだした。人間を「戦力」として見ています。そういえば、文科省も好きですね。「力」をつける言葉がいっぱいある。なんとか力、なんとか力……。

前川：たしかに力《りょく》が好きです。

善元：筋肉ばりばりの子どもになってどうしますか。

前川：力よりはまだ性質の「性」のほうがまだいいと思うんだけど、文科省は「力」好きですね。

善元：調べてみると、文科省が使ってるのでも数十はあります。

前川：確かに（笑）。

善元：これからますます、私たち70年代組は、教科書を教えるんじゃなく、教科書で教える。極端にいえば、検定を通ってる教科書なら、よくも悪くも学校ごとにどの教科書を使ってもいいわけです。問題はここです。今回の指導要領は評価が先にきて、「指導と評価の一体化」がすすもうとしている。「学びと評価の一体化」だったらいい。だけど、気がついてみたら評価だけが肥大化しそうで、これは大学教育にもつながっています。

前川：たしかに。評価がものすごく肥大化してます。学習の評価、指導の評価に限らず、とにかく、学校が評価だらけになってる。多少の振り返りとか反省とかは必要だと思うんですけど。

でもそれは、100のエネルギーがあれば、最後の1%ぐらいでやるべきことであって、今は、評価のために本来やるべきことまで食われている。評価で忙しくなって、本末転倒でしょう。

善元：まったくそのとおり。大学では、コア・カリキュラム（コアカリ）というのがある。あれがとんでもないです。この授業では、これでどういう力がついたかという。学生たちに一回一回、これでこういう力がついたか、何ができるようになったのかって書きこむ。まったくばかげているとしかいえません。

前川：教育を評価漬けにしてしまったことでは、文科省に相当責任があると思います。

善元：キー・コンピテンシーとはなんですかあれ。16ぐらいの項目をあげていますが、教師は授業やるときにはあんなのいちいち見てやりません。はじめに子どもありきで、そこでいろんな子どもの悩みや、一人ひとりの学びを見ながら授業をつくっていくことがうれしいのです。いわば、職人の世界です。

前川：文部科学省の人間は現場感覚がないのです。頭のなかで考えて学習指導要領を書いたりしてる。最近の学習指導要領は理屈ばっかりこねてる感じがあります。私もとてもついていけないです。

善元：私も、現役教員のあいだに3回学習指導要領が変わりました。今は大学で教えていて、今回が4回目です。今回の改訂は最悪だと思います。評価から授業をつくる発想なんてありえません。10をこえる学習の視点の項目から授業をつくるなんて、現在ますますかつての「教科書を教える」時代になっていきます。

前川：ここまで学習指導要領が複雑怪奇になってくると、この学習指導要領に従ってやろうって気が失せるんでしょう。それはそれでいいかもしれない（笑）。読んでもわからない、わからないものは基準にならないから適当にやりすごす、もうそれでいいんじゃないかと私は思ってる（笑）。

万世一系のミニチュアのような道徳教科書

前川：この4月から、小学校の道徳科がはじまります。これからは検定教科書を使います。たとえば、生命について考えましょうっていうときに、生きとし生けるもの、動物も命をもってる、植物にも命がある。あるいは風にだって海にだって命があるかもしれない。そうやって命が広がりのあるものとしてとらえるならいいんだけど……。ところが、私の命は父母からもらったもの、その父母はそのまた父母からもらってる、そうやって血統がつながってる、命はそうやって血統でつながってるというとらえ方をする。それが自分の子孫にまたつながっていくっていう、その万世一系のミニチュア版みたいなものが各個人のなかにあるみたいなことが出てきます。そうして血でつながっていることがだいじなんだっていう考え方が非常に強い。ここには教育勅語的な観念が背景にあって、血のつながりをものすごくだいじにしてるというところがある。そういう世界観を学習指導要領が求めています。

善元：だから、私はそのような事態を意識して「元来、日本人はどこから来たか」をやっています。日本人はじつにいろんなところから来てるということを知ることがだいじです。

前川：家族国家観というのがあるわけです。日本人は一つの大きな血のつながった家族だという考え方です。この4月から使われる教科書というのはそうやって、集団の和を乱すな、日本人はみな家族なんだという、こういう考え方が非常に強い。こういう考え方の道徳教育を推進すると、さまざまな外国にルーツをもつ子どもたちを受け入れられなくなっていく。その子どもたちを排除する方向にしか働かないと思う。こんな道徳は多文化共生という考え方とは相容れないと思います。血がつながってることが大事だっていうような考え方をとっちゃうとですね。

私はこういう考え方は非常に問題だと思っていますが、文部科学省のなかにいるあいだは、面と向かってそれは否定できなかった。上位の権力からもちこまれてくるからです。

善元：すごく同情します。私も体験あるから（笑）。

前川：次官だ、局長だといっても、その上に大臣、副大臣がいて、そのまた上に総理大臣がいる。与党には超国家主義や歴史修正主義の人がたくさんいる。自民党の国会議員のなかには南京事件はなかったと信じてる人がたくさんいます。歴史の教科書に南京事件のことが書いてあったら、これはけしからんといいだす。本人は南京事件がなかったと思いこんでるわけで、この素晴らしい日本軍が、一般市民を殺すはずがないと思いこんでる。恐ろしいことです。

善元：歴史的にあった事実が無かったことにされてしまう。そういう時代が来た。まさにポスト・トゥルースの時代です。

前川：ほんとうに危ない。権力をもった政治家が「これが真実だ」といったら嘘が真実になってしまう。

総合学習の可能性は無限だ

善元：そうそう。なかったことになっちゃうんですね。私も一回、大臣と闘ったことがあるんですよ。中山文科大臣を相手に。

前川：さっき出てきた学力テストをやれといった人です。

善元：あの人が出てきたときに、はじめに何をいいだしたかというと、総合学習を潰すといいだした。

私はそのときはじめて、自分の名前を出して批判しました。「あなたは何いってるんだ、現場をどれだけ知ってるんだ」といいたかった。ずっと築いてきてやってきたものを見て検証しているんだったらいいけど、はじめに結論ありき。だから「あなたの考えは軽い」っていいました。自分の勤務する校名を出し、善元幸夫で新聞にコメントしました。私は人生のなかで勝負するときはあると思う。いつもは教育委員会やましてや文科省の大臣相手に実名で批判するなんて、かんたんにできない。

前川：私は、そのときの印象を非常に強くもっています。善元さんといえば総合学習を守った人だと思っていた。外国につながる子どもの教育というよりもね、総合学習でがんばった第一人者。

あれはほんとうにひどかった。中山さんはまさに競争して勝ちぬいてきた人です。ある意味、立志伝中の人物といわれるような人です。宮崎の出身で、貧しい農家の子で、高校進学できないと思っていた。だけど学校の先生が、君は優秀なんだからぜひ学校に行きたまえといって、奨学金の工面をしてくれた。それで、鹿児島ラ・サール高校に行きました。またさらに勉強して東京大学法学部にはいった。そこから大蔵省にはいる。つまり、絵に描いたような出世物語です。貧農の子どもが一生懸命に刻苦勉励して、東京大学法学部を出て、大蔵省にはいって、さらに国会議員になった。自分はこうやって勉強してここまでの人物になったんだ、という自分に対する自信もあると思う。でも、現場の声を聞こうといって、実行した人でもあります。

大臣になったときに、スクールミーティングというのをはじめました。文部科学省の職員が学校へ行って、学校の先生や保護者の人たちと一緒に現場の声を聞くという会合をあちこちでやりました。最初にやったのが中山さんの母校だった。宮崎県の中学校です。そこの中学の先生が、「総合学習はいらない」といいました。そこで中山さんは、わが意をえたりというかな、ほら現場もそういってるじゃないかとなった。

善元：現場の人間からいうと、お粗末ですね。

前川：小学校の先生はうまくやってたと思うけど、中学校ではまだ根づいてなかったのでしょう。

中学校の先生から見ると、総合的な学習の時間ってどんなふうにやったらいいかわからない。「あんなのは無駄だ」となる。総合的学習の時間がいらないっていうことを現場の先生が大臣の前でいった。それで、中山大臣はもう勇気１００倍、総合的学習の時間をめちゃくちゃ攻撃したわけです。

善元：自分の職名を出してああいったから、私はなんらかの処分を受けるかと思っていました。あとで校長に「善元ちょっと」いわれ、やっぱり来たかなと思いました。そしたら、校長は「よくやった」っていう。なんともいえないものを感じた。心のなかでは「バッカめ、校長であるお前がいえよ」っていいたかったですよ。（笑）

前川：私はそのときの印象がとても強い。

善元：総合的な学習は面白くてしようがない。ニューカマーの子がたくさんいる新宿でどうやって授業をつくるか。子どもたちは好きで日本に来たわけじゃない。言葉はわからない、いじめもある、居場所をどうやって見つけるか、子どもたちは悩んでいる、どうしたらいいかを考えました。いくつもの授業案を作りましたが、その一つ、「クジラはなぜ海にもどったか」という授業をやりました。

前川：なるほど。クジラはほ乳類なのにどうして海にもどったか。

善元：この授業のきっかけは10歳のミウさんの書いた作文です。「ぼくは　韓国が　大好き。いちばん　好きなのは　国民だ。国民は　やさしから　好き。ぼくは　日本に　来て　一年　たった。でもぼくは　韓国語を　わすれちゃった。ぼくは　かなしい。ぼくは　このままで　日本人に　なるのかな」。

牛のように陸上を歩いていたが、海にもどったほ乳類はイルカとクジラしかいない。自主教材というのは怖い側面もあります。よくも悪くも教科書は検定を通っている。私はその頃、クジラの本を書けるぐらい勉強した。クジラは赤ちゃんのときには、ほ乳類だからおっぱい飲みます。私が授業をやったときにはおっぱいを飲むところの写真がなかった。今は写真撮影に成功した人がいます。
海深くでお母さんクジラが、あかちゃんを産むとき、ほかのクジラが赤ちゃんをあおるように海面におしだします。そこで、あかちゃんが上に上がってはじめての肺呼吸で空気を吸うんです。

前川：そうなんだ。

善元：潮吹は呼吸です。そういうクジラについての科学的事実を子どもたちといっしょに理解していきます。そして最後に、「クジラはなんで海にもどったんだろうね」って聞いて授業は終わりです。いいたかったことは、君たちは好きで日本に来たんじゃない。もしかしたら進化の過程で陸にあがってしまったかもしれない。でも、クジラが海に帰ったように君たちも自由だ、自由に生きていいというこ とをいいたかった。自分の人生は自分で決めていい。今は親でさえも圧力を受けることもある。親はお金を稼ぎに日本にきた、生活のため、お金がだいじだから四苦八苦している。そういうときに子どもは何もできない。親を恨めというんじゃなく、自由に生きていいということを、クジラの進化の過程を使って伝えたかった。

前川：クジラを学ぶことで自分の生き方に投影する。

善元：だから、科学を目の前の子どもにきちんと伝える、それがだいじかなと思います。地球の進化のなかで、「全球凍結」という言葉を最近よく聞きます。これも授業に使いました。

前川：ぜんきゅうとうけつ。

善元：地球が全部凍ってしまうのです。氷河期というのは、地表せいぜい10～20ｍくらいが凍るだけ。しかし、地上も地下も１０００メートルも凍結した時期があります。それは地球の歴史で２回あった。

前川：そうですか。じゃあもういっぺんあるかもしれない。

善元：そのときに、生命は全部滅びたかというと、生き延びたのがいた。そこで私は、全球凍結をとりあげて、こんな絶望のときでも、生物は生きてきた。そこで授業「全球凍結は君たちになにを語るのか」をした。これは知識の詰めこみではなく、「全球凍結」を自分でどう受けとめるかを考えてもらう。私は自分の授業作りはあえていえば、「命」とか「人権（生物共生を配慮）」かなと思います。

授業のなかで子どもが最も心を動かされたというか、葛藤に悩んだ問題は6年生の普通学級の子どももふくめた授業での臓器売買についてです。日本でも、戦後、売血がありましたが、臓器売買についてとりあげました。子どもたちに、まず人間がつくったもので人間をだめにしたものは何かを聞いてみます。そしたら、「たばこ」とか「麻薬」とかいろいろ出てきた。そのうち「お金」が出てきたんです。すごいでしょ。ニューカマーの子たちだから、自分たちの生活のなかから考える。親はお金が目的で日本に来た。自分たちが日本に来た理由を薄々知っています。次に便利であるはずのお金で人が買える、つまり奴隷船の勉強をやります。お金は便利なものだ、金でいろんなものが買えることがわかる。

そこで、私は子どもに聞いた。「それって現代にもない？」

前川：人身売買。

善元：そうなんです。そして臓器売買です。フィリピンでは2008年当時、臓器が売り買いされていました。ところが、日本語国際学級の子どもたちはみんな、臓器売買はだめだといいます。あってはならないことといいます。そこで、そういう雰囲気になりかけたときに1枚の写真を見せます。アジアのある国で、臓器を売ったお金で雑貨屋さんができた。お店の前でニコニコしている人の写真です。この人は腎臓を売ってお金ができたといっています。

子どもたちもまっ青になりました。人道的に絶対にあってはいけないものだという価値観をもってるけど、ある人はそれを売って家ができたと喜んでいる。いったいこれはなんだろうか。授業で大切なことは、決して教えこむことではないんです。子どもが多様性のなかで葛藤することです。そうして子どもたちは自らの考えを築いていく、これが私の授業観です。

そんなのすぐに答えが出るわけはない。臓器売買を合法化している国までありますす。世の中で起こってることはわかんないことがいっぱいある。

前川：なるほどね。かんたんには解けない疑問を抱えこむことはだいじだと思います。答えがすぐに出てくるわけではなく、答えがない問題を抱えこんで、それがときどき首をもたげてきて、歳を経るにしたがってなんとかそれに答えを見つけていこう。禅の公案というのがそういうものじゃないかと思います。座禅修行している坊さんというのは自分で自分の悟りを見つけるしかないんだけど、そのときに先生から、とんでもない問題を投げかけられる。百尺の竿のてっぺんまで登って、そこからさらに、それから一歩上に行けといわれる。

善元：その先、どうなるんですか。

前川：それは答えがないから、私もわかりません（笑）。そうやって解けない答えのない問題を抱えこんで、ずっともちつづけることで、答えを探そうとする力がついてくるのでしょう。

「ぼくは韓日本人、いいものいっぱいある」

善元：私が日本語国際学級でとてもショックを受けた子どもの文章があります。

この子は全然勉強しない。タイから来た子で昼近くに登校してくるような子です。当初、知的障害があるかもしれないといわれてました。全然勉強しない。だけど、こう書いてきました。これはショックでした。

「きのう　ぼくは　にほんごで　べんきょう　しなかった。せんせいが　かなしい　かおに　なった。どうして？　ぼく　わるかったです」。こんなの書くとは思えない子です。口では私たち教師をまったく無視するような子がこう書いた。びっくりしました。「にほんごが　できない。おもしろくないです」と自分の言葉で書いている。「せんせい　ごめんなさいです」って書いてありました。

問題はこの先です。「ぼくは　おおきくなったら……」って書いてある。この先を大学生に聞いて、当たる学生は一人もいないです。ふつうは、「先生になりたい」とか「社長になりたい」とか、何々したいでしょう。これはびっくりします。「タイに　かえるか　わかりません」と書いた。自分の人生の先がわからないって書いている。私たち教師や授業を受ける生徒は、高等教育を受けてると、あるていどの希望をもっている。この作文にはショックを受けました。先がわからないという子がいる。日本に来ることにより自分がわからなくなる、アイデンティティ・クライシスです。

前川：なるほど。

善元：その子の話を聞いてても私は想像がつかなかった。

もう一人、8歳の子で、お父さんが歳をとった日本人で、お母さんがタイ人です。ひょうきんでおしゃべりな子ですが、1年間なんにも書かなかった。初めて奇跡のように文章を書いたのは2年生の5月です。「よる、おかあさんが　ごはんを　つくった。おかあさんは　しごとに　いった。ぼくは　ひとりで　うちに　いた。つまんなかった。まんがを　みた。ひとりで　ねるのは　いやだった」。お母さんに手が届くところにいるけどお母さんはいつもいない。ここのうちは、ほんとに運が悪かった。タイで小金を儲けて日本に来て店を出そうとしていました。ところが、悪徳不動産屋が、でかいビルを貸しました。3か月で資金がすっからかん。ほんとは屋台をやりたかったようです。その結果、昼間働いて、夜も働いてる。お母さんがいうには、いい人がいるという。どういう人かというと、「私たちのような人も雇ってくる」という。ようするに、オーバーステイでも雇ってくれる。そこで聞いてみると、深夜労働です。2割ぐらいはねられている。

前川：ピンハネですね。

善元：そうです。この子が半年後の11月の「まいにち　ごひゃくえん」という作文。「きのう　おかあさん　いそがしいから　ごはんを　つくることが　できない。おかあさんは　あさ　かえってくる。おかあさん　つかれた。ぼくは　ごはん　たべないで　おかあさんが　ごひゃくえん　あげた。『おにぎり　かって　たべなさい』ぼくは　おにぎりと　じゅうすをかった。きょうは　おかねを　もらわなかった」。

前川：ああ、じゃあ食べられなかった。

善元：この子は先生に、「先生、ぼく、今日は金もらわないでいい子だったでしょ」というのです。この子が書いた初めての作文は、さびしいという自分の内面で、その次に書いたのはこの子にとって一番身近な母親です。だから、「おかあさんは　あさ　かえってくる。おかあさん　つかれた」と書く。この子が書いた、私が一番好きなのは「はえのこと」です。

あるとき、私と彼が手をつないでたら、彼はトイレに行くといいました。嘘をついたんです。行ってこいっていったら、なかなか帰ってこない。えんぴつ一本もって戻ってきました。お前何してたのって言ったら、「えへへ」といいました。そこで、これを書きました。

「はえが　ころんでた。ろうかで　あしを　うごかしてた。はねが　うごけない、しんだら　やだった。だって　かわいそう、ぼくは　たすけた。えんぴつで　たすけた。はえは　そとへ　とんでいった。いい　きもちだった」。

前川：これどうやって鉛筆で助けたのですか。

善元：汚いから、手でやらず、鉛筆でおこしたのでしょう。彼がどれだけ意識してたかわかんないけど、いい気持ちだったたって書いてる。おそらく彼は飛べないハエに自分を見たんだと思う。

エへへと笑って、さっと自分の心のなかの目には見えない自分の心を書いたんです。いい気持ちだったって。

前川：死んだらいやだというのは、自分のことだし、かわいそうっていうのもそうですね。

善元：こういうのは、いわゆるコンピテンスやエビデンスなどという教育方法でやるものではないです。この子にとっての学びの履歴や文化の歴史をたいせつにすること、それを教師が感じることなのです。
また、これはまだ文字が書けず、話したことをそのまま書いたものです。
「先生、ぼくの　うちには　冷蔵庫が　ふたつ　あるよ。大きいのは　日本人用。小さいのは　タイ人用。お父さんが　タイの　食べ物は　くさくて　きたないって。お母さん　いつも　ひとり、ヘッドホーンで　タイの音楽　きいているよ」。
前川：このお父さんとお母さんはこういう関係なわけ？
善元：お父さんは、タイが汚いというんです。だからお母さんはいつも静かにしててね、冷蔵庫が二つある。それでじっとしてタイの音楽を聴きながら小さい冷蔵庫を使っています。
前川：そういう父と母のもとにいる子どもはかわいそうですね。
善元：私もそう思います。だから私は、子どもたちがとても背負いきれない現実に対し、君は自由でいいんだというメッセージをこの授業でやりました。家族でさえこういうことがあって、辛いですね。なぜこの人とこの人は結婚したかというのはいろんな理由があるけれど、それは子どもには関係ない。教師の仕事は何かを指示したり、教えこむことだけではないんです。子どもの思いを聞き、理解することもすごく大切なんです。
「はじめて　日本に　きたとき、ともたちに　いじめられた。『かんこくじん　ばかやろう』ぼくはとても　やだった。なんで　そんなことを　ゆうのか？　わかりませんでした。かんこくじんが　きらいなのかな？　ぼくは　かんこくが　だいすきです。かんこくの　ともたちか　やさしかった。いま、かんこくの　ともたち　いないから　きびしいです」。

この子は、お父さんが日本人、お母さんが韓国人です。

韓国が大好きだけどそういわれてしまった。それでやったのがキムチの授業でした。キムチにはもともと唐辛子がはいっていなかった。

前川：そうなんですか？

善元：唐辛子は日本人がもっていったんです。唐辛子は南米からインドに行って、中国に行って、なぜか朝鮮半島に来ないで日本にもたらされました。それは、秀吉の朝鮮侵略のときに日本から唐辛子が朝鮮半島に広まったという説があります。唐の辛子です、唐辛子です。

前川：そうなんですか？　それまでは朝鮮の人はあんな辛い物を食べてなかったの？

善元：ドラマになったチャングムの時代は、ムルキムチ（水キムチ）です。今、キムチは、オリンピックの選手も食べる国際標準メニューです。栄養価がいっぱいあります。完璧な乳酸菌食品です。これが子どもたちが自分の母文化に対する自信、誇りです。

日本人と韓国人の両親のあいだの子を「あいのこ」といいます、それってまるで犬みたいに「あいのこ」の感覚です。キムチは唐辛子と出会ってすごいものができたんだという授業をやりました。異質なものや、異なるものが出会うと必ず摩擦は起こります。しかしそこから新しい食文化ができます。それがムルキムチと唐辛子だったんです。最後にこういう作文を書きました。

これは、子どもたちの作文を本にした(『ぼく、いいものいっぱい』子どもの未来社)のタイトルになったものです。

「にほんの　おとうさんと　かんこくの　おかあさんと　であって　ぼくは　うまれました。キム

チと　おなじです。だから　ぼくは　かんにほんじん（韓日本人）です」。

「日韓人」というのはよく見たことがあるんですよ、「韓日本人」は初めて見た。震えがしました。「かんにほんじんです。いいものが　いっぱいあると　おもいます」。

前川：これはいいな。

善元：そう。それで私の教室を紹介した本のタイトルになりました。『ぼく、いいものいっぱい』。

前川：「韓日本人」いいね。ダブルアイデンティティみたい。

善元：ハーフじゃなくてダブルです。将来この論議がなくなるくらいに当たり前に「ダブルの意識」です。

前川：こういうふうに考えられるようになったのは本当に素晴らしいですね。こういうダブルアイデンティティの子どもたちはこれからどんどん増えてくると思う。そういう子どもたちがちゃんと日本のなかでほんとに自尊心を持って生きていけるようにしてあげないといけないと思う。

善元：引き揚げの子どももニューカマーの子も国境をこえることで異文化にさらされる。そこで子どもたちは自分を見失ってしまう。これが「アイデンティティ・クライシス」です。私はこれらの子どもたちに一番大切なことは、自尊感情の形成だと思います。それは限りなく、人間としての尊厳・命の尊重です。

社会の分断を防ぐ教育の役割

前川：最近思っていることです。合計特殊出生率っていうのが1・4から1・5のあいだの数字です。以前、1・57ショックなんていうことがいわれたけど、1・57なんてそこまでいけたらいいねっていう数字になっている。いまや1・5をこえられない。この1・4から1・5のあいだで推移していくとどういうことが起こるか。外国人を入れずに純粋ジャパニーズだけでこの国をやっていこうと、こういうことを考えて、しかも今の出生率がそのまま続くとしたら、何が起こるか。赤ん坊の数は50年で半減する。今100万人を切ってますから、100万人が50年後には50万人になる。50万人がさらに50年後には、あと半分、25万人になっちゃう。つまり、50年で半分になるということは100年で4分の1になる。100年で4分の1になるということは、100年経つたびに4分の1かけていけばいいわけです。生まれる子どもの数は幾何級数的に減っていく。100年で4分の1、200年で16分の1、300年で64分の1、400年で256分の1、で、500年で1024分の1。だからこの傾向がずっとつづいていくと仮定すると500年で1000分の1になっちゃう。つまり、いま100万人生まれていても、500年後には100万人の、1000分の1ですから、1000人になっちゃう。1000年経つと100万分の1になるわけですから、1000年後の日本人は年間1人しか生まれないということになる。ということなんです。いまの少子化は人口が盛り返すところまで戻るということはまずもう絶望的だと思うんです。

フランスは少子化対策をして克服したといわれてますけど、あれは純粋フランセーズではない。どんどん移民がはいってきています。移民が子どもを産んでるわけです。だから、もうたくさんの異なる人種のフランス人が住んでる。日本の場合は人種が異なったら国籍がちがうと思ってる人が多いから、そのさまざまな民族やさまざまな人種からこの日本国民が構成されるというふうに考えてないわけです。同じ民族、同じ人種だと思いこんでいる。その考え方を変えなきゃいけないと思っています。

すでにいま、人手不足といわれていて、経済界からはもっと外国人を入れようとかいう話になってる。これから必然的にどんどん外国人もはいってくるし、そうしないと日本の社会の経済の活力だってどんどん失われていく。ようは、日本以外のところからさまざまな人が日本にやってきて、日本に住んで、家族を営んで、子どもたちがそこで学ぶという状況はもう必然的にどんどん増えていく。純粋日本人みたいなものがどんどん減っていく代わりに、さまざまな外国にルーツをもつ人たちがはいってきて。血も混じり合っていくでしょう。さっきのお父さんは日本人でお母さんはタイ人ですみたいな、そういうケースはもうどんどん増えていく。それは100年後か200年後かわかりませんけどね、いずれそういう人たちのほうがマジョリティになるという時期が来るかもしれないと思っています。

善元：アメリカもそうで、実は日本もそういうことも選択としてあると思います。

前川：つまり、WASPといわれているホワイトアングロサクソン、プロテスタント、という主流派アメリカ人と言われていた人たちが減っていって、ヒスパニックや黒人や東洋系というのがどんどん増えていった。そのWASPといわれている人たちが、今や少数派に転落しかけてるわけです。その彼らがこの国は俺たちの国だといって白人至上主義を唱えている。彼らが少数になっていくのは必然的な方向です。

同じことが日本でも、100年か200年後に起こるんじゃないか。その過程において、すごい確執というか摩擦、もっとすごい社会分断というか、闘争が起こるかもしれない。今でもヘイトスピーチをやっている人たちがいる。「この国はオレたちの国だ」「日本人が何千年も前からここに住んでたんだ」みたいなことを言って、外国人に土地が奪われる、仕事を奪われるのはけしからんみたいなことをいい出す人たちが出てきた。そこにものすごく危険な社会の分断が起こるんじゃないかなということを今から心配しています。それを防いでいくのはやっぱり教育の力しかないんじゃないかと思っています。

善元：そうです。おそらくそういうことに対して多くの人は不安になると思います、だからこそ教育がだいじです。

前川：そういう教育をしなきゃいけないという課題があるにもかかわらず、この4月から導入される道徳の教科書というのはですね、「日本は日本人の国だ」みたいなことしか書いてない。これはほんとに困ったことだと思っています。いまの政治を司ってる人たちの意識がもう全然だめで、100年後200年後も見てない。

善元：歴史をどういうスパンで見るかですね。日本の歴史の授業は縄文、弥生を1時間か2時間で終わりにしちゃう。ところが、縄文は1万年以上つづいてるんだから、そこにドラマがいっぱいあるでしょう。それまでとはまったくちがう人がやってきて、それで、最後は和をもって尊し。日本人は単一ではなく、いろんなところから来て、それで、仏教と神道が混合して、和でもってまとまる。曖昧なよさがあったのではないでしょうか。問われているのは外国から来た人の適応の問題もありますが、私はこの子どもたちとともに学びを築いてきましたが、さらに重要なのは受け入れの日本の問題のような気がします。

「だれもが共に泣き、共に笑いあう、そんな世の中が来ないものか」、これが私の子どもに対する未来のメッセージです。

（２０１８年2月22日、明石書店）

対談のなかで紹介した子どもたちの作文は、『ぼく、いいものいっぱい―日本語で学ぶ子どもたち』（子どもの未来社）に収録されている。

Ⅳ LGBT
マイノリティの生きやすさとは

金井景子×前川喜平

アライのステッカー

前川喜平：私は文部科学省にいたときに「Ally（アライ、当事者ではないが、理解・支援する人）」のステッカーをつくりました。ＬＧＢＴについて、私は、文科省のなかでも理解者だとみんなが思ってくれてるとは思うし、「私は当事者です」といって相談してくれた人も何人かいました。それはほんとうに私を信用していってくれたわけだから、その信頼を裏切るようなことはできません。ＬＧＢＴ

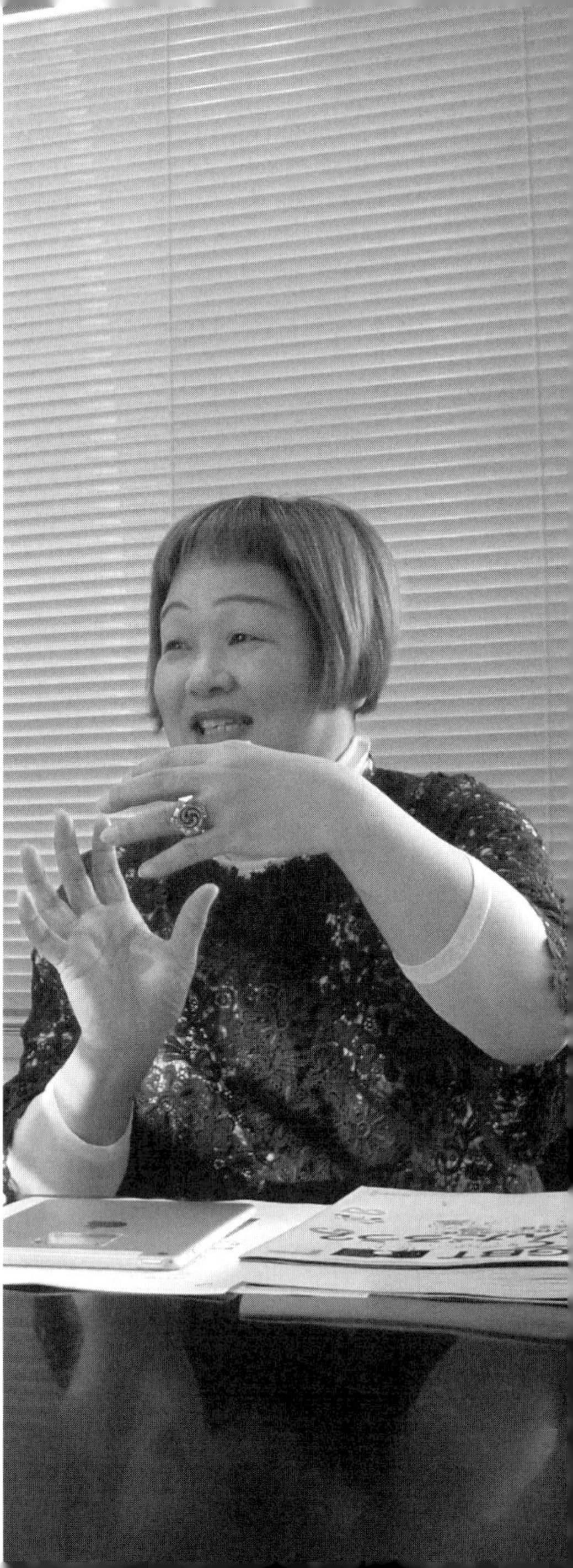

に限らないだろうと思いますけど、個人情報を打ち明けられた人が、当事者を傷つけないように、ちゃんと秘密を守りとおせるかどうかというのは、ものすごくだいじなことだなと思っています。だから安易に「Ally（アライ）です」とはいえないないなという気がしました。

金井景子：仲間が写真を送ってくれて、それを見ました。

前川：そうですか（笑）。

金井：この丸いのですね。

前川：手元にあるのは、この一枚だけです。文部科学省も意識がまだ低いから、意識を高めようと思って、こういうのをつくりました。

金井：6色ですね。

前川：文部科学省のマークというのが、羅針盤を象ったマークです。その文部科学省のマークを借りてきて、色をレインボーにして、「I am an LGBT Ally in MEXT」の文字をいれました。文科省は英語でいうと、「Ministry of Education, Culture, Sports, Science and Technology」です。MECCSSTです。その「CCSS」のところを「X」にして、「MEXT」、これで文部科学省の意味になります。つまり、「私は文部科学省のなかのLGBT Allyです」となります。このステッカーは天下り問題で辞める3日くらい前につくりました。

金井：じつは、「こんなものを前川さんがつくったよ」みたいな話がすぐに伝わってきました（笑）。私のところにいろいろ情報が集まることになっているのです（笑）。

前川：そうですか。

金井：仲間とは、「これって？」「前川さんがおつくりになったんじゃないですか？」「個人で？」みたいな話をしました（笑）。

前川：ええ。個人的につくりました。若い人たちにこういうのをつくったらどうかなという話をしていました。機運が醸成してやりましょうよっていう話になったら、つくろうと思っていましたが、そのいとまがなくなって、もう辞めなきゃいけない状態になってしまった。それなら辞める前にやっぱりつくっておこうと思って、キンコーズに行きました。自分でデザインして、とりあえず４００枚つくりました。学校でのＬＧＢＴ、性的少数者にかかわる行政の担当課というのは初等中等教育局児童生徒課というところで、そこの課長にあずけました。彼は非常に前向きで、私が辞めたあとも、いじめ防止の基本指針のなかにＬＧＢＴの問題を書き加えてくれました。いじめの背景にこういう問題もあるから十分理解を深める必要があるということを学校に対するメッセージとしていれています。

金井：性同一性障害の子たちにかかわるアンケートを文科省が積極的にはじめてくださったあたりから、「ああ、これは、どんどん展開するかも」って思って見守っています。またどうなるのか、っていう危惧も少しありますけど……。

前川：まだ、行ったり来たりがあると思います。文部科学省全体の意識ががらっと変わったわけではないし、なにそれ、みたいな人も多いのも事実です。このステッカーはもう２００枚近くははけたと聞いています。５００円で売っています。

金井：キンコーズに前川さんが！　しかも５００円ですか？

前川：こんなもので５００円です。

金井：その収益金はどこへ？

前川：資料をつくったり、勉強会を開いたりそういうのに使っていいよということにしてあります。原価は200円ぐらいです。だから2倍以上（笑）。よほど自覚がないとこんなものに500円出さない。だから、これを500円で買って自分のパソコンに貼るようなことをする人はそれなりの覚悟というか自覚があるだろう。だから、タダでは配らない。

金井：それは大事なことですね。

前川：500円はちょっと高い、300円にすればよかったかなと思っています。

金井：大人価格ですね。この「I support LGBT ReBit」というステッカーは、立ちあげから私が会長を頼まれてやっていた早稲田の学生団体がつくったものので、これは100円ですね。

前川：これが100円、文科省の500円はちょっと高い（笑）。

金井：値下げを要求します（笑）。

金井：柏市の婦人団体の方からお声がけいただき、話をさせてもらう機会があったときのことです。皆さん手芸がお好きでお上手とのことでした。そこで今日の話を聞いて「Ally」になろうと思ってくださったら、皆さんでメッセージをこめた作品をおつくりいただいたらいいと思いますっていったら、ポカーンとされてしまいました。その反応が面白かった。「それってどこかの認可を受けないで勝手につくってやっていいんですか」といわれました。きちんとしてまじめな大人ほど、どこかに認可を受けてこういう活動をするんだっていう発想が内面化されてるんだなと思いました。

なんとか検定があるわけでもないし、だけど逆にそういうものがないからこそよっぽど勉強して、知らないことに対して恥ずかしいと思って足を止めないで学びと実践を続けていくということの誓いだから、むしろ自分で刺繍や染めで作品をつくっていただくほうがいい、と答えました。

それで、改めて考えると、私の周りにいるインテリの人たちって、フェイスブックの自分の肖像の上に6色かけたりするのを見て、「あんなのはもう流行りに乗っかってるだけで」とか、批判がましいことをいって話を終わらせるっていうことも多い。前川さんがこれをご自身でおつくりになって、あちこちに配ってるって聞いたときに、いいなあ、なんかその清々しいのんきな感じは、私の活動と非常に近いものがあると思いました（笑）。どうしてもこういうことをすることによって、おこってしまう影の部分も見てしまうと、運動は渋滞せざるをえないというところがあります。「面白いな、前川さんって人」と思っていたら、この対談がまわってきました（笑）。

前川：まあ、脳天気な話で、あったらいいなぐらいでつくっただけのことです。でも、文部科学省のなかでも、当事者が7・6％いるとすれば、２０００人以上の職員が一つの建物のなかで仕事をしていますから、150人ぐらいは当事者がいるはずです。事実、私に話をしてくれた職員も何人かいました。たぶん、居心地が悪い思いをしながら暮らしてる、仕事してる人たちがいるんだろうと思って、カミングアウトを促すわけではありませんが、理解者が多くいるということがわかると、居心地が悪くなくなるんじゃないかなと思ってつくりました。その程度の認識です。文科省に近い政治家のAlly は馳浩さん（日本レスリング協会副会長）という文科大臣をやった人でしょうか。ときどきテレビに出ていますが……。

金井：国語の先生の免許をもってる人ですね。

前川：そうです。体育じゃないんです。国語の先生、特に古典、古文と漢文の先生なんです。馳さんはLGBT議員連盟の中心人物でもある。超党派でマイノリティの人たちのための制度をつくっていこうというとりくみをずっとやっていて、性同一性障害の法律も中心になってつくったかたです。馳さんが、たまたま文部科学大臣になった、たまたまじゃないかな、なるべくしてなったのかな（笑）。それで、LGBTについても文部科学省でとりくみを強めましょうということで、私は次官にしてもらったという話をしました。

馳さんは、きわめて保守的な自民党の政治家たちのあいだでもLGBTにかんする委員会をたち上げて、そこに一番頑固そうな保守系じゃないかと思うような人を呼んで、議論してもらっています。そのおかげで、性的マイノリティの差別禁止という法律をつくるところまではまだいかないんだけど、理解を増進するというところまでは、自民党のなかでもコンセンサスができています。官僚は、与党ににらまれながら仕事をしてるわけだから、その与党のなかで性的マイノリティに対して理解を増進することはだいじだというところまでの合意はつくられているということになると、こういうものをつくってもいいだろうという、ゴーサインがあるような感じです。

それで、馳さんは、文部科学省のなかで性的マイノリティのための研修会を開こうという企画をしていました。最初に大臣にあいさつしてもらいますという話だったんだけど、そう考えていたところで大臣が交代してしまった。でも、これは、ずっとこの問題にかかわってきた馳さんに最初のあいさつをしてもらおうと思って、前大臣として出てきてもらって、文部科学省の職員の前であいさつしてもらいました。そのあいさつのなかでやはりアウティング（LGBTなどに対して、本人の了解を得ずに、公にしていない性的指向や性同一性等の秘密を暴露する行動のこと）の話、一橋大学の学生の話（法科大学院の同性愛者の学生が同性愛の恋愛感情を告白した相手によるアウティングをきっかけに自殺した事件）をされました。そのあとは、専門の講師に来ていただいて、理解を深めるためのレクチャーをしてもらいました。文部科学省の人間がまず理解しないと、学校に理解してとはなかなかいえないと思うので、そういうとりくみをやりました。金井さんはどういうきっかけでこの問題にかかわってきたんですか。

「あいだにいる子はおき去りですか」

金井：どこから話していいのやら。もともと大学で日本文学研究をつづけながら中高の国語科の非常勤講師をしていました。たまたま音楽が好きで、デヴィッド・ボウイという人の音楽が好きだったので、友だちといっしょにデヴィッド・ボウイの歌詞を翻訳したり。歌詞を訳すときに日本語では、男言葉と女言葉のどちらで訳すかという問題が出てきます。

たまたま授業で、時間があったときにその話をしました。その話に興味をもった高校のクラスの子がやってきて、いろいろな話をするようになりました。最初は音楽が好きなのかなと思ってたら、そのうち、先生ちょっといいですかといって、自分がレズビアンであるということを私にカミングアウトしてくれました。そのときに、「ああ、そうだよな」と思ったんです。「えっ！」っていう気持ちもあるけど、「そうだよな」っていう気持ちもあって。そこは私の出身校でもありましたが、女子校で、思い返せば、在学中にもお友だちのなかにいたし、教えている先生のなかにもいらした。だから、自分が教えるようになっても、セクシュアルマイノリティの生徒さんはいるよなって。ただ、そのことにかんして、直接学校になにか働きかけることはありませんでした。今から40年近くまえです。そのことは「わかった」といって受けとめておきました。

そのあと、ジェンダーの問題について自分が学問領域で学んでから、女の子たちを主人公にした教材がすごく少ないので、『女子高生のための文章図鑑』という、女の子が主人公の作品や女性作家が書いているものを集めて筑摩書房から教材集として出しました。そうしたら、「こういう視点がなかったよ」という反響をもらいました。そこで、今度は「男の子たちのことはどう思ってるんですか」「男の子の生きづらさというのには目を向けないんですか」といわれました。それで次には、『男子高生のための文章図鑑』というのを出しました。おひな様セットみたいになったんですけど。そしたらさらに、当事者のお母さんから、「男の子と女の子のあいだにいる子たちはおき去りですか」という反響が来たんです。

前川：誰が言ってきたんですか。

金井：『女子高生のための文章図鑑』『男子高生のための文章図鑑』、両方買ってくれていた読者です。渋谷にフェミニストが集まるカフェレストラン「女庵《ジョアン》」という場所があって、そこで読書会をしてもらったときに、あるお母さんがやってきて、男女ペアのが出たけども、あいだにいたりゆれていたりという子のはないんですね、その視点はないのですか、っておっしゃった。もう「ガーン」という感じでした。

自分が非常勤先で悩みの相談を受けていたこととか、かつてそういう人たちを、そうだよな、自分にできることはないかなと思っていたこととか、自分が出版活動にかかわっていることとかが、自分のなかにばらばらにあって、統合されてないなと気づきました。

その頃、非常勤講師が長かったのですけど、非常勤講師というのは学校のなかで周縁的な存在なので、生徒からみるとそういう話をしやすい存在でもありました。教材の話や観た映画の話をして、そういうことに関心ある先生だというサインをすこし意識して出してみました。そうすると相談に来る生徒が目にみえて増えました。「そんなのうちの学校にいない」みたいなことを専任の先生たちがいってるときに、「いや、わりといるけど」「あなたのクラスにいるけど」、みたいな状態になりました。

ただ、今日のテーマの一つですけど、「アウティング」になってはいけない。信頼関係のなかで、それをほかの人にいうべきではないということもある。わかってるんだけどいえないな、という非常にストレスフルな状態がずっとありました。

そうしているなかで、自分自身が大学に就職して、個人研究室という場を得るようになったのが40歳になるちょっと前ぐらいでした。安心して話せる場所ができたとたんに、授業でセクシュアルマイノリティについて言及することともあいまって、けっこうな数の人たちが自身の問題として来て語ってくれるようになりました。

ジェンダーにかんしては本も書いてきたし、論文も書いてきましたけど、このLGBTの問題については、むしろ学生相談みたいなことをずっとつづけてきた感じです。そのせいか、現実の目の前の学生・生徒たちの悩みとか、苦しみの問題に向きあっていて、学問領域でこれを論文化してどうこうというのに私のなかではすぐには結びついてなかった。文学作品で問題がとり扱われているものを分析して作品を書くということはもちろんできるけど、LGBTについて大所高所からものをいうというよりは、その語りづらさが、この40年ぐらいでどういうふうに変化してきたかとか、そういうことについては非常に体感としていえることがあるかもしれない。だから、「この問題はどうですか?」って聞かれると、「いや、いろいろです」と答えそうです。

前川：いろいろな偏見や差別の問題があるなかで、ごく最近までみんなが意識していなかった問題だと思います。私もそうだった。私も、平気で「オカマ」とか、「オネエ」とか、「ホモ」とかいってました。

金井：そこで、考えることがあります。たとえば「オカマ」という言葉とか、「オネエ」とかいう言葉に、「そんなことという人の相手をしたくない」という当事者もいれば、「そんなことでいちいちへこんでたら生きていかれないんで、流していってます」みたいな当事者もいる。

女性としての私にとっても、自分自身の生きづらさも含めて考えているときに、いちいち目くじらを立ててたら身が保たないから、流していくほかはない。そのうちに、慣れてはいないんだけど、「はいはい」っていう感じで脇に置くみたいになっていく。サバイブして、今、生き残って活躍しているLGBTの人たち、あるいは女性の人たちもそうですけれども、それに囚われていても身動きできないから多くはたいした問題じゃないとかわすような感じで脇に置くってことに慣れてしまう人も多い気がします。

最近、話題になっているMe Too活動のように、じつは私もセクハラを受けてたということになると、私も私もと出てくる。当事者は、かなりの人が心当たりがある。では、どのあたりからおりあいをつけていたのか。毎回、追い詰められたような気分になってたら生きていかれないので、そこはもう蓋をする、諦めるという感じです。たとえば、お酒の席でみんなが笑ってるときに、席を立って居なくなったりできない。しかたなしにいっしょになって笑ってる。たぶん文科省のなかにもいたでしょうし、大学のなかにもいっぱいいると思います。

でも、そういうことに気づいてくれる人が出てくることによって、ようやくそのことが「じつはいやだった」と語れるようになる。今からそれをいっても、とり返しのつかないことでもあるけど、同時に、無意識でそれをいったりしてたということを自覚してもらうことを通して、次の瞬間からその人が強力な「Ally」になるということもあります。私も、学生たちといっしょにつくったDVD『先生にできること——LGBTの教え子と向きあうために』があります。いろんなところから注文をもらいました。そのなかで、同和教育を半世紀近くやってきた団体がありました。Eメールをくださったかたは四半世紀とりくんでいたかたです。同和教育についてはすごく意識的に対応してたのに、いま前川さんがおっしゃるようにホモネタで笑ってた自分がいたといっていました。情けないし恥ずかしい。でも、今日から意識を変えてとりくんでいこうと思うと書いてきてくださって、それはすごくうれしかった。この人はこれから一生本気で協力してくれる人だ、むしろそのことをちゃんと言葉にしていただいたのがよかったなと思えました。そういう「中高年 Ally」をどんどん増やしていくという私の野望があって、それで今日まかり出たしだいでもあるんです（笑）。

前川：私のきっかけは私が局長のときです。私が初等中等教育局長になったのは2013年です。2014年までの1年ぐらいしかいなかったのですが、そのあいだにGID（性同一性障害）の団体のかたが要望活動に来ました。担当の課から、「局長に会いたいといってます」といわれたので、局長室に来てもらって話を聞きました。それまでにも文部科学省に何度か要望に来られていたようですが、局長は対応していなかった。文部科学省の対応も「話は聞きました、はい、おしまい」という感じで何もしてなかった。

要望のポイントは二つありました。一つは、性同一性障害の子どもが全国の学校にどのくらいいるか、全国的な調査をしてほしいというもの。もう一つは、性同一性障害、性的マイノリティ全般ではなくて、性同一性障害の団体なので、性同一性障害についての学校の教職員の理解を深めるための手引き書、指導書のようなものをつくってほしいという要望でした。

ちょうどその頃、性同一性障害の子どもが、これまでは男の子だったけれど、明日からは女の子として学校に来ますといって、それをきちんと保護者にも説明し、同級生たちにも説明し、学校全体に説明して、ものすごくうまく転換ができたというケースがニュースになっていました。こうやってちゃんと対応すればできる話なんだなっていうのが、わかった。そこで、要望を受けたときに、やっぱり実態を把握するぐらいのことはしなきゃいけないなと思いました。担当の課は児童生徒課というところですけれど、とにかく調べてみよう、調査しようといいました。ただし、これはきわめて個人的な情報にかかわる調査だから慎重にやろうねと確認しあいました。

いくつか慎重に考えて、まず、学校が把握しているものだけ、今現在承知しているというものだけに限って報告してください。それから、匿名で報告してください。体の性がどちらなのかということと、それから、学年ぐらいでいいです。ということくらいからはじめました。もちろん具体的な個人情報はいらない、個人名もいらない。しかし、匿名で報告するにあたっても、報告していいかどうかは当事者の了解をもらってくださいといって、本人と保護者の了解をもらってから報告書に記入してくださいと、できるだけ慎重に調べたので、もうごく一部の実態しかわからないのですが、それでも全国の小中高等学校に600人いるということがわかりました。

なぜ、法律が必要なのか

前川：この性同一性障害については、すでに法律ができていたので、正面から問題としてとりあげることができました。ところが、それ以外の性的少数者については、行政がこれにもとづいて仕事をしなさいという基盤になる法律ができてない。そのためになかなかとりくんでいけないというところがあって、どこまでやっていいかっていう問題が残ります。とりあえずこの調査は、性同一性障害についてだけの調査でした。

そのあと、性同一性障害以外の性的マイノリティも含めて、学校での対応をきちんとしてもらうためになんらかのメッセージを発しないといけないといって、私が局長を辞めたあとですけど、文部科学省が学校に通知を出して、理解と周知が必要だといいました。これは、文科省も乗りだしたんだなという印象を世の中に与えたんじゃないかないかと思います。さらにそのあと手引き書もつくりました。ただ、どうしても性同一性障害のところに焦点が当たっていて、それ以外の性的マイノリティのところは、プラスアルファみたいな書き方になっています。性同一性障害以外のマイノリティも含めた、もう少し拡大した枠組みの法律がほしい。

金井：私の教え子で、LGBT法連合会で活動している神谷悠一さんがいます。

先日、神谷さんに早稲田に来てもらって、学部生、大学院生中心に200人くらいの受講生相手に、なぜLGBT差別禁止法が必要なのかを話してもらいました。みんなの心持ちが変わればいいだけのことじゃないのか、差別心が無くなれば世の中よくなるだろうと思う気持ちはあるだろう。ではなぜ法律が必要か。そこで、負うた子に教えられというか、ああ、なるほどなって思った。そのとき例に出していたのがセクハラ問題です。やっぱり法律を背景にすることによって、たんなる指導とか説諭のレベルではなくて、もっと踏みこんだことができる。どうしても私のような人文系、それも文学が専門の教員は、法律があろうがなかろうが、結局は人の心の問題だよ、みたいなところにもっていきがちです。ところが、法的な根拠、背景がないと、結局運用レベルでうやむやにされてしまう、そのことを考えると、どうしても法律を成立させていくという必要があるという。法律が社会生活にとって、なぜそんなに重要かということについて、学生たちはいい勉強したなと思います。法的な支えが背景にあり、そのうえで個々人の心のなかの認識、意識が変わるというのと両方がセットにならない限りはだめなんだとよくわかったようです。先ほどおっしゃっていた話も、日本国中の小中高の学校全体にこの問題の意識を変えようと思ったら、まず教員研修をやらなきゃいけない。ただ、小さいようでも日本は広いから、それこそ公立の小中学校は3万5000校という規模ですね。

前川さんとお話しすることになったので、年間100か所くらい教育現場にでかけて出張授業をしているReBitのメンバーたちに、「現場では何が一番今大きな問題だと思う?」と聞いたら、「やっぱり先生方の研修だと思う」といっていました。先生たちのなかに知識や認識の粗密があったら、どの先生に話すかによって、まさにアウティングになってしまったり、あるいは、話はよく聞いてくれたけど解決には結びつかないということになったり、やっぱり先生たちの意識の改革を学校レベル、地域レベルというふうにしていかなきゃいけない。

そこで先ほどのDVDの話をしましたが、この4年間ぐらいでいろんなところで利用してもらっています。このDVDで研修会をやるというお話もあちこちから聞いています。17分の作品だから、研修で使いやすいのかもしれない。パッケージをみてどこかの葬儀場の広告みたいなんて悪口をいう人もいますけど(笑)。

前川:きれいなお花ですからね。あ、これは500円だ。私のと同じ値段だ。

金井：そうですよ、前川さんのステッカー、高いです（笑）。

少しずつ学校などの現場で研修に使ってもらえるようになっています。だけど、問題としては、学校や先生と、まだとりくみがなされていない学校や先生のあいだの較差があるときに事故が起こりやすい。

じつは、これをつくったときには公のところが使ってくれるなんて全然考えてなかったのです。そしたら最初に使ってくれたのは一橋大学の教職関連のところでした。自身の勤務先の人たちは、「また金井さん変わったことしてる（笑）」「まあ、見ておこう」みたいな感じでした。そのときに、「こういうのだいじだよね」といって、「教職関連で使います」といってくれた一橋で事件が起こった。

前川：それはアウティングによる自殺の事件が起こる前のことですか。

金井：前です。たとえば、ある現場で、とても理解があって熱心な人が片方にいるとしましょう。当事者たちはそれをみて、ここでなら話してもだいじょうぶだろう、相談すれば解決できるだろうと期待すると思います。だけど、他方に温度差があり、あるいは、どうしていいかわかんないっていう人がいると、そこで判断が遅れることもおきます。当事者が絶対に自分のことは明かさずに覆面で生きていくっていうときにはむしろ事故が起きなくて、むしろ「とりくんでる」感が出てきたときに、事故が起きやすいともいえます。

一橋の事件については、推し量ることしかできませんが、当事者の学生さんが告白した相手の子がパニックになったのかもしれません。友だちとしては信用してるし大好きな相手だけども、性的な対象に自分がまなざされてると思ったとたんに自分だけではもちきれなくなったのかも……と。ただ、男女間の恋愛でもいろいろなぎくしゃくはあるわけです。戸惑いから相手を傷つけてしまう行動に陥ってしまうような。

前川：たしかにそのギャップが大きいですね。たとえば障害者に対する偏見差別とか、あるいは被差別部落出身者に対するものとか、あるいは在日韓国・朝鮮人に対するものとか、すでにこれはもう社会的な課題だということ自体はみんなが認識している。とはいえ、本人の心のなかでは、いや、そうはいってもやっぱり差別意識が残ってるっていう人はいるでしょう。それでも、やっぱり口にだしていってはまずい、こういう行動をしてはいけないという社会規範的なものは内面とは別にかなり確立している。

金井：はい。

前川：被差別部落の関係であれば、いってはいけない言葉がある。障害者についてもそうです。ところが、この性的少数者にかんしてはそれが確立していなくて、その幅がものすごく大きい。これは過渡的なものなのかもしれませんが……。

文部科学省の場合だと、同和関係の研修は非常に充実していて、かならずみんな受けます。私も若い頃に同和教育の研修を受けました。学校教育の面でこういうことをやってる、社会教育の面ではこういうことをやってるというものです。もちろん被差別部落についての歴史的な経緯もちゃんと勉強します。だから、被差別部落問題については、文部科学省の人間はみんな共通認識をもっています。だけど、性的マイノリティの問題については全然知らない。そこで、まずは研修をしようといって研修会を開きました。しかし、その研修の後がだいじなのですね。たしかにそのギャップが大きいがゆえに生じる問題があるっていうのはよくわかりました。いま、初めてうかがいました。

金井：最近は、保毛尾田保毛男《ほもおだほもお》問題もありました。かつては人気キャラクターでしたが、リバイバルするのは、どうでしょうか。でもそれをあえてやってみたりするときに、当事者や団体が、「これはおかしい」といって申し入れをするわけです。そういうときに、「ああ、またこんなふうにして噛みつくようなことをいうんだ」、みたいな受けとめ方をしている人もいますね。反対に、「そんな、面白いし、ぼくは当事者だけど、そんなことへっちゃらです」といいだす人もいる。

そこで、だいじなことは、それは「いやだ」といってる人がいるんだったらやめようという、ごくごく当たり前のレベルの話です。いやだといってるのに、「いや、面白いから」とか、「いや、自分は平気だから」といっても、それは全然回答になってない。そういうときの論議の場のつくりかたを本当は学校のなかで教えなきゃいけないことだと思うんです。いいっていってる人もいるからいいじゃないですかという問題ではない。

前川：それは、やりすぎだ、言葉狩りだっていう議論も一方ではありますが、やはり、その言葉を聞いたらいやだという人がいるのであれば、その言葉は使わないようにするということがだいじです。「自分がいわれていやなことはいわない」、これは大阪市立大空小学校の唯一のルールです。ただ、自分がいわれてかまわないということであっても、相手の身になってみると、あの人はいやがっているのかもしれないということがあります。自分はかまわないことでも。別の人はいやだと思うことがあると思う。仮に自分はホモセクシュアルでホモといわれてもかまわない思っていても、「ホモセクシュアル」というふうにいうのはいいけどホモはいやだ、レズビアンといわれるのはかまわないけどレズはいやだとか、いろいろなバリエーションはあります。そこで想像力を広げて最大公約数として何が望ましいかを考えていかないとならない。ただ、これも、人によってほんとにちがうから、LGBTという言葉もいやだという人がいますね。
金井：いますね。
前川：これは非常にむずかしい。今はもう、SOGI、ソギというかソジというか、どっちでしたか？
金井：ソジですね。
前川：SOGIであれば、ストレートであれなんであれ、Lであれ、Bであれ、Gであれ、Tであれ、みんなSOGIであるということで、これはもうそれぞれにちがいがある。それはちがってかまわないし、ちがうことが当たり前という、そういうきわめて普遍的な言葉になります。だからこれからは、たしかにSOGIでいくのかなって思ったりしますが、もう一つのなんというか、ゴールデンルール、これは道徳教育の基本かもしれませんけど、人がいやがることはしない、人がいやだと思うことはいわない。
金井：こんなシンプルな結論でいいのかっていう感じですけど（笑）。でも、まずそこです。そこを共有できないと何も始まらない（笑）。
前川：そこに想像力というか、あの人はいやだと思ってるというのがわからないというのが問題です。いじめもにているところがあります。いじめられてるほうがいやだと思ってるのが、いじめている側にはじつはわからない。いっしょに楽しんでると思いこんでるという場合があります。そこは大人が手助けしながら、想像力を働かせて相手の身になって考えるようにうながしていく必要があるでしょう。ロールプレイングなんかいいと思います。たとえば、あなたがトランスジェンダーだと思ってみましょうとか、そういうのもあっていいかもしれない。

私は道徳教育をせっかく教科化するんだったら、そういうことをやったらいいと思っています。道徳の教科書を見ると、とにかく、おはようございますの正しいあいさつの仕方みたいな、そんなことばっかりやるようで、がっかりします。

「右へならえ」がこわい

金井：さっきおっしゃった、いや、自分もある年齢ぐらいまでオカマ、ホモといって笑っていたということがあるから忸怩たる思いをするということが、じつは今日はだいじなポイントだなと改めて思います。教える側の人間が絶対的に正しい、悪いことをしたことない人だったらかえって怖いと思う。自分は無意識のうちにずいぶん人を傷つけたり踏みつけたりしてたけれども、気がついたから、このあと死ぬまでのあいだには少しでも是正していきたいみたいな、そういう思いをともなった教育でないと、四角四面なだけです。言葉狩りという話がでましたが、そこに抵触しなければ、巧妙にいじわるなことをいったりしていいのか。そのあたりでどういう話し合いの場をつくれるかっていうことが、どのマイノリティの問題でもけっこう重要かなと思います。

前川：先生は無謬性をとにかく維持しなきゃいけないみたいな気持ちがあったり。

金井：あります。

前川：とにかく先生はいつも正しいみたいな。そこを生徒は見ています。あの先生は口先だけだとか。私は、先生も肩肘張らずにもう少し階段を降りてきたほうがいいと思っています。学校にはどうしても教師と生徒のあいだの権力関係があって、それが一番酷い形で表れるのが指導死といわれるようなシチュエーションです。教員の指導によって子どもが自殺する。昔の軍隊みたいな話です。教師のほうが自分は常に正しいんだと思いこんでるところがあって、ちょっとまちがえても、そんなことは、おくびにも出さずに自分は正しいという建前を貫こうとする。そこが問題じゃないかと思う。先生もまちがえることだってある。認識が少し甘かったとか、意識が低かったとか、そういうことを有り体にいってかまわないという学校文化にしていかないといけないんじゃないかと思っています。

金井：私もそう思っています。私はこんな髪型やカラーリングを色々試しているんですけど、教育実習の見回りなんかに行くときに、相手校によっては、さすがにこれでは……。

前川：ああ、染めてるわけですね。

金井：ええ。親しい美容師さんがいて、毎月いろんな髪型にしています。

前川：たとえば、色もちがうんですか。

金井：そうです。

前川：たとえばどんな色、この色じゃない場合もあるわけ？

金井：フェイスブックの金井景子で見てください。月替わりぐらいに、いろんな髪の毛の色に変えています。もともとは、ストレートの黒髪、超大真面目みたいだったんですけど、白髪染めが本格的に必要になってから思うところあって、5、6年前から変えました。ただ、実習校に行くときに、学生の出世の妨げになっちゃいけないと思うので（笑）、ちゃんとウィッグを用意しています。16万5000円のすごくいいのですよ。

前川：ずいぶん高いなあ。

金井：それを被って、ちゃんと校長や担当の教師と会ってお話しして、研究授業の参観もして帰ってきます。そこで改めて思うのは、いま話題になってますけれども、もともと髪の毛の色の薄い子に対して黒染めしろという校則……。

前川：ありました。大阪だったかな。あれは酷い話だ。

金井：そこの学校文化になじめということになるわけですね。私がウィッグを被って行くと、学生が、「ほんとうに先生だよね？」みたいな感じです（笑）。あるとき、ちゃんと被って行くと、学生が、「おれの指導の先生なんだよ」と生徒にいってくれたんです。ちょっと元気な高校の人なつっこい高校生だったんですけど、その子が、私が帰った後、実習生に「えっ、あのおばちゃんが？　あの人は購買のおばちゃんだろ」といったそうです。あのきっちり黒染めのちゃんとしたウィッグを被ったのを、購買のおばちゃんといってもらえたのは私にとってたいへん誇らしいことではあって、OKなんですけど。髪型や髪色が、どうこうじゃなくて、「私」を見てくれたんだなって。

でも、ほんとに小さいことでもそういうチャレンジをしてみると、自分たちが生徒に強いて、当たり前としてきたこと、社会資本として成立するためには、学校にはいったら頭を黒染めにしなきゃいけない、みたいなことの意味を改めて自問することになりますね。

自分自身が就職活動をしていた頃から２０１７年までの、この40年ぐらいのあいだで、就職活動のときの服装や、女子なら化粧とか髪型はどんどん保守化しています。ある時期まではグレーとか紺色のスーツを着てる子がいたのに、今は全員黒です。なんだか異様な感じです。怖いなと思ったのは、当の学生たちがさほどなんとも思ってないことです。このことができなかったら社会資本として、自分を労働の場で提示できないって思ってる。たとえば、私や前川さんのような、全共闘時代のちょっと下くらいの感覚からしたら、自分の人生のある時期に、今の就活の子たちみたいな、右へならえ状態がもっている意味を考えますね。もちろん、そのこと自体は経験だから、そうしてはいけないわけでもないと思うけど、どんどん馴らされてくると何にも違和感や不思議を感じなくなってしまう。いまの若者たちがすごく、馴致されやすい集団性を帯びるようになったなと思う。

前川：私もそれは感じています。しかし、その40年、私は教育行政をやってきたので……。

金井：ええ。

前川：やっぱり私たちの責任なんじゃないのか。

金井：そこにもっていこうと思って出した話題ではないんですけど（笑）。

前川：そうやってね、画一的で、右へならえしてしまうような人間に育ててしまったのかな。一方で、ゆとり教育といって、自由に学べといってたはずなのに。どこでどうなっちゃったんだろうな。やっぱり心配なんです。若い人たちが保守化してるというか、より上位の権威とか権力に、唯々諾々と従うという行動様式をとることが多い。批判とか反逆とかをしない。

金井：それが、昨年度の流行語にもなったけど忖度問題です。たぶん何もわからずに唯々諾々としてるのではないでしょう。ほんとうはこうしたい、でもたぶん求められてることではない。そのことで場を混乱させるっていうことのロスを考えたら、もうこの制服的なものを着とこう、この態度でクリアしようっていうようなことだと思う。

前川：まあ、そういう面従腹背ならいいんですよ（笑）。

金井：そういえば前川さん、何かに、「私の座右の銘は面従腹背です」とおっしゃったり書かれたりしたことなかったですか。

前川：そうです。いっちゃったんです。

金井：私の相方とか私の友だちと、前川さんと対談する、こういう機会ができるまえに大論争になってしまった。まわりには前川さんファンがすごく多い。私の同世代や、ちょっと上やちょっと下の、とくに組織のなかで右へならえではなく、時に異を唱えつつがんばっている面白い人たちにとって前川さんはほんとほとんどアイドルです。

前川：いや、私はべつに（笑）。

金井：私ももちろんそれは共感するところがありながら、私はあるとき前川さんが、「座右の銘は面従腹背」って書いてあるのを見て、「えっ」と思った。それで、まわりが盛りあがって、前川さんすごいよね、すごいよね、といってるときに、いや、私は座右の銘が面従腹背というようなことを公の場でいう人を信用しないほうがいいと思うよ、っていいました。そしたら、そこにあるウィットとか、明るいニヒリズムみたいなことを文学の教員なのに解さないのかっていわれてしまいました（笑）。

前川：明るいニヒリズム（笑）。

金井：2時間ぐらい論争しました（笑）。
前川：ああ、そうですか。それまた面白い。そんな論争のネタになったんですか。
金井：すいません、話が脱線しちゃって。
前川：私の場合は、とにかく、面従はしないと生きていけないような環境のなかで仕事してました。学問の自由みたいなものがない世界だから。でも、どんな組織でも組織のなかで仕事をしている人は多かれ少なかれ面従腹背してると思います。一致してるほうがおかしいと思う。
金井：それはそうですね。
前川：私の場合はその面従と腹背の乖離が大きかったのは事実です。ものすごく乖離してるというか、やりたいけどやれないことが多かっただけではなくて、やりたくないけどやらされたことも多かった。なんでそんなやりたくないことをやりながら暮らしてたんだっていわれるかもしれない。でも、その教育行政を誰かがやらなきゃいけないし、誰かがやらなきゃいけないんだったら、面従腹背しながらも自分がやってたほうがいいと思ってたところがあるんです。こういうLGBTの問題なんかも、自分がなんとかできるときにはなんとかできたし、一定のポジションにいることによって、世の中にとっていいことが多少はできたんじゃないかと思っています。
金井：あの文科省の調査と、それについての現場の受けとめっていうのはほんとに大きな一歩だったと思いますし。ただ、トランスの問題にかんして、それに配慮しましょうっていうのはもちろんだいじなことなんだけども、少し落ち着いて考えると、ようするに、心と体の不一致の問題を抱えているという人を、「正常化」するということのために手を貸しましょうというレベルでのみ捉えてしまう危うさを、やっぱり局面としてもってると思う。

性指向と性自認がセットであることの意味

金井：新しい第7版の広辞苑のなかにＬＧＢＴが採用されたけれども記述に問題がありました。「多数派とは異なる性的指向をもつ人々」と書かれていて、性自認が抜けていました。ＬＧＢＴは性指向と性自認がセットであるというのに、どちらかだけっていうふうになっちゃった場合、ことにその性自認に課題があって、だけど性指向の問題をいっしょに考えなきゃいけない問題だと思ってないときにどういうことが起こるか。私の非常に親しくしている人で、スタッフとして仕事をしてもらってる人なんですけれども、ＦＴＭトランスジェンダーでゲイの人がいて……。

前川：もう一回言ってください。

金井：ＦＴＭトランスジェンダーでゲイなんです。女の体に生まれたけど、男の心で、好きになるのは男の人。ずいぶん長く一緒に仕事をしてきた親しい人で、私と同い年です。つまり同じ学年の子で、生まれて初めてカミングアウトしたのが私っていう人で、たいせつにつきあってきました。その人が、法律もいろいろ整備されるまえに埼玉医大に通って、いよいよ下半身の手術ってときに、埼玉がむずかしくなり、次に岡山に行くか迷った挙句、それもむずかしくタイで手術を受けた。そういうときもずっとつきあって話も聞いてきました。

40歳を過ぎて、上半身の手術をして、すごく体力が落ちてしまって、退院したけどまた戻り、熱が下がらないとかたいへんでした。それで、やっぱり体にメスを入れるということはたいへんなことだから、どうしてもそれをやんなきゃいけないのという話をしているなかで、「男の人が好きっていうんだったら」って私がいいかけたら、「ああ、女で男の人が好きだったらそのままのほうがいいっていう話?」って、先手を打たれてしまいました。そういう理屈で詰めてくるタイプの人ではなくて、ぽわんとしている人なんですが。でも、そのときに気づきました。ああ、この人は今まで自分でも自問自答のなかで、「じゃあ女の体のまま男の人とつきあえばいいじゃないか」「いや、でもちがう」ということをずっとしていたんだ。不十分な、半端な認識の私が、すごいのんきにそのことをまたいって、傷つけてしまったなと思いました。

だから、性指向と性自認の問題をセットできちんと考えるときに、女の身で女の人が好きっていうことがあるし、男の身に生まれたけど、心は女の人で、女の人が好きというようなことがちゃんと伝わらないと、せっかくカミングアウトしても、二次被害、三次被害をひきおこすんですね。決定的にその存在自体が、いや、それはありえないでしょ、という対応を不十分な認識のこちら側がすることによって、ほんとに傷つけちゃうっていうことがあるんです。それを自分自身もやってしまった。やはりこれはかならずセットにして理解をしてもらうっていうことをしないといけない。それで、今回の広辞苑の問題がどこでどういう誤解があってこうなったかっていうことはわからないんですけども、象徴的だったなって思っています。

前川:性自認のことをスカッと忘れてたのかな。ちょっと勉強した人なら、性的指向だけの話ではないということはわかると思うんだけど。

金井：そうですね。

前川：でも、FTMでゲイ、なんていうか、ダブルマイノリティみたいなことですね。それはSOGIの一つのパターンであるということはまちがいないですね。

金井：そうですそうです。

前川：だから、大きく言って2×2×2。まず、体の性が二つ、さらに、心の性が二つあって、それから、恋愛の対象に対しても二つある。これも非常に大雑把な分け方で、ほんとはそれに当てはまらないのがあるわけでしょう。でも、大雑把な分け方で、2×2×2、つまり、8通りのパターンがまずある。さらに完全に割りきれるわけではない2·5みたいな人たちもたくさんいるし、2にならない1·5みたいな人もいるし。2×2×2の8つだけに収まらないというさまざまな多様性がある。それは、人間というのはそういう多様性がある存在だということを、まず認識することがだいじだと思います。

金井：たぶんこの課題を考えるときに、最初にどこからはいっていくかという問題があると思います。それで、都内の私立の女子校で、代々の保健体育の先生たちが熱心なところがあって、性教育をある学年で1年間通してやっている学校があります。そこの最初の入りは、セクシュアルマイノリティ、LGBTの問題からはいっていきます。私は、それを聞いてもう目から鱗でした。今おっしゃったようにまずかけ算からはじめて最後はグラデーションになるっていうんじゃなくて、そのグラデーションの、はい、ここのポイントから始めます、っていう。そうすると、生徒も、私もそういうゆれを抱えてますっていうことがいいやすい。なるほどなと思いました。

私もジェンダーやフェミニズムのことを授業でずっとやってきたので、つい男とは女とは、女の人が抱えている困難とか課題とはみたいなところからはじめてしまって、ずいぶん長いあいだ、男の人というか男性社会を悪者にするかのようなことをつづけていました（まあ実際悪者の側面もあるにはありますね）。でも、結局そういう話でしょみたいなことに回収されてしまう。自分でもそういうことがしたくてこういう授業をしてるんじゃないのになあっていうふうに思った時期がありました。

そこで、私もLGBTの問題を授業でとりあげるようになってきたら、だんだん当事者の学生さんたちも集まってきました。男の問題、女の問題、どっちかっていうと、男の人が女の人をえらい目にあわせてるみたいな単純な話ではなくて、多様な視点から考えてみるというところから話をはじめる。たとえば、男が全員、利権の上にあぐらをかいていて、のんきなのかっていうと、男の人のなかでもさまざまな背景や課題があって、よりものすごく生きづらい人もいるわけです。被差別部落の問題もそうだし、在日韓国・朝鮮人の問題もそうだし、いろんなことがあるから、抽象的な男と女、maleかfemaleかみたいな、そういう二項対立的なモデルからスタートしないで、むしろ固有のこの人みたいなところからはじめる。この人は負荷と課題を抱えている人で、男っていう要素もあるけれど、みたいな感じのアプローチのほうが現実的でいい。学生の理解も、いや、男というだけじゃないです、オレの場合は、というふうになりやすいということにある時期気がつきました。

LGBTの問題もさっきおっしゃったように男と女がいて、そのうえでというかけ算で説明するのは、わかりやすい、はいっていきやすい方法ですが、そこからはいるとこぼれるものも多いと感じています。

前川さんが寺脇さんといっしょにつくった本『これからの日本、これからの教育』のなかでいちばん感動したのは、マイノリティはマジョリティだというあそこ。これはもうほんとうにそうだなと思った。自分のなかの生きづらさや、マイノリティとしての居場所のなさみたいなものが、鋭く意識されていて、その問題の困難を抱えている人とリンクしやすいという教え方の順序みたいのがあると思います。

ですから、FTMトランスジェンダーでゲイっていう、私の友人の話を授業のわりと早い時期にしたりすると、「何それ」「えぇっ?」みたいな反応になる。そのときに、体の性と心の性、どちらかが上位にあるみたいなそういう感覚ではなくて、両方並列してあるっていう話にはいっていきやすい。

生きづらさへの共感

金井：男子学生たちはかつてとちがって、自分は本当に就職できるんだろうかとか、ほんとに彼女ができて家庭をもって子どもを育てていけるんだろうかという悩みを抱えています。ぼやぼやして就職でも失敗し、就職したあとも非正規雇用みたいなことになったり、あるいは勤めた会社が潰れてとか……。そして、彼女いない歴30年、40年みたいな感じになって、居場所がなくなるような将来像に現実味を感じている。そこから、たとえば、竹内浩三という戦没学生で、生前には全然知られることもなく、戦後評価された……。

前川：今度その芝居を見にいきます。

金井：あ、そうですか。
前川：ええ。『きみはいくさに征ったけれど』というタイトルでしたね。
金井：「ぼくもいくさに征くのだけれど」という彼の詩のタイトルをもじっていますね。
前川：彼の詩のなかに「ぼくもいくさに征くのだけれど」がありますが、それを「きみもいくさに征ったけれど」というふうにしたタイトルの芝居です。
金井：戦争に征ったけれど、うっかりして戦死するかなとかと詩に書いてて、いやいやうっかりじゃないだろう（笑）。蝶をとったり子どもと遊んだり、それでほんとうに人を殺せるんだろうか。当時の「男らしさ」の基準に照らせば、ずっとだめだめで、何事も成さぬうちに戦争に行って結果的に死んじゃったっていう人です。その人の詩をみんなで共有して、今いろいろきな臭いこともあったりするけど、あなたたちが戦争に行くってなったらたぶんこんなノリだよね。徴兵検査ではい合格ってなったら、次は鉄砲もってみたいな感じで、浩三さんと同じようになるよねといったら、『きけわだつみのこえ』の格調ある遺書を紹介するより、はるかに身近に感じて浸透度が高いんです。
　自分自身の問題を考えるときに自分のダメな部分、うっかりしてる部分のところにシンクロしたものから話を聞くと、国を守るためには、あるいは、家族を守るためにはみたいな話じゃなくて、うっかりして戦死するかしらっていう話のほうが、このままうかうかしてていいんだろうかっていう話につながる。ＬＧＢＴの問題にかんしても、人に笑われる経験とか、居づらさ、あるいはそこで自分を偽っていて、口裏あわせている経験とかそういった話からはいっていくほうが浸透度が高いと感じています。

前川：口裏あわせというか、まわりにあわせてつくり笑いして過ごすっていうことってLGBT問題に限らずありますね。じつは「ぼくみたいな人間のことを笑ってるんだな」とかと思いながらいっしょに笑ってるみたいな。私も小さい頃からそういう経験は何度かした覚えがあります。私は田舎から出てきて東京で不登校になった経験があるんだけど、田舎者を笑うみたいのが東京にはあります。「これはぼくみたいな子のことをいってるんじゃないか」ということを思いながらもいっしょに笑ってる。私もいろんなコンプレックスというか、劣等感がありました。まず、泳げない。

金井：それは泳ぐことに何度もトライしたけど、ですか。

前川：なんとか25mを泳いでターンして溺れずに50mを泳ぐぐらいのことはできるんです。

金井：それは泳げるといいます。

前川：でも、途中で溺れかけたことがありますよ（笑）。小学校3年生まで奈良の田舎の小学校にいて、プールもないし海もないというところで育って、いきなり東京へ行って、夏休みのプールの授業というのがあって、そこですごい恐怖を味わったわけです。もうトラウマになっています。水にはいって泳げといわれる。「水に顔をつけろ、人間はかならず浮く」といわれても、いや、ほんとかな（笑）。今となっては、これは、人間の進化に反することだとずっと思っています。人間は海から陸に上がって、陸上動物になってから久しいのに、また水のなかにはいるなんていうことをする必要はもともとないんだ。こういうことを学校で教えることがまちがいだと心のなかでは整理をつけています。

金井：よくわかります。私のところにLGBTの学生さんたちが来て、こんなことがあった、あんなことをいわれたと教えてくれます。聞いてるうちにだんだん、私が行って文句いい返してやる、みたいな気分になってきます（笑）。私は今は学校の先生をしていて、それなりに弁は立つ。でも、たぶん自分がその子の歳にその状況だったらグッと奥歯を噛みしめて手を握りしめて終わってるんだろうなと思うと、歯がゆい。生きづらさの経験をもっている人は必ずAllyになれるっていうのが私の信念、確信です。

前川：もう一つ、自転車乗れない問題があります。自転車なんて誰でも乗れるって思いこんでるけど、でも自転車に乗れない人がいます。私は乗れます。自転車に関しては私はストレートなんです。だけど水泳については少数者なんです。誰でも自転車に乗れると思いこんでる人がいて、自転車に乗れない人のことをそんなの信じられないみたいに思っていて、それを話題にすることがある。自転車に乗れない人、たとえば自転車に乗れないお母さんが、子どもを連れて保育所にいったり、買い物をしたりはけっこうたいへんだと思う。でも、誰でも乗れるはずだというところでは、乗れないということで孤立してしまう。

金井：自分のモノサシだけで「ありえない」と即断するのは、その人を気詰まりにさせたり、追いこんだりするようなことがあるからやめようね、という研修が必要だと思います。学校は、将来のことを考える場所でもありますね。ＬＧＢＴの子たちにとって、自分が家庭をもつとか、あるいは就きたい職業に就くことを想像することができなかったら、職業についての授業はすごい苦痛だし、家庭科で、かならずお父さんとお母さんがいて子どもがといわれると、結婚もできないんだな、と思いこんでしまう。まずその手前の段階で自分が家族のなかで嘘ばっかりついているんだ、と追いこんでしまう。ゲイの子たちが自殺のリスクが高いことに表れているように、人は今がきつくても、中長期の展望がもてれば、学校なんて3年経ったら終わりだ、自由だって思えるけど、そこから先はもうなんのイメージももてないと絶望してしまいます。

LGBT就活というい方をしていますが、自分をいつわらずに就職活動ができるということや、あるいは職場にそういうことで困難になったときに相談ができるところがあるとか、そういうことについて、やっぱりなにかしてあげられるのは、決定権のある人か、あるいは同じ職場で先輩としてフォローアップできる人しかないので、就職したあとのイメージがちゃんと結べる現実的な受け皿が必要だと思っています。だから、学校でLGBTのことについて学ぶのとセットで就活を視野にいれて改善することもだいじです。

その話をしてたら、さっき例に挙げた私のFTMトランスジェンダーでゲイの友人が、介護のレベル、人生の最終局面のところにおいても自己像がイメージができないとやっぱりダメだと思うといってくれました。それどういうことと聞いたら、その人は下半身の手術をもう終えたんですけども、そのことについてすごくこだわっていました。私も踏みこんだ話ができる相手だったので、それは男性性器がないと男として完成しないというマッチョイズムですか、みたいなことを聞いたことがありました。その人は、それを受けとめて、そういう見方があるかもしれないけど、自分が介護を受ける身になったときに、あれっと介護者の人から、首をかしげられるのは、いやなんだ、といっていました。自分にとって人生の最期のときに介護を受けてるっていう場を想定したときにそのことを思う。その人は、一緒に暮らしている人は男性ですけれども、その人が重病になって、介護をしたり、看護師さんから介護を受けていたときにそのことに気づいて、やっぱり最後のところまで手術をしたんだと話してくれました。

私は文学が専門の教員として、作家や作品の話をするなかで、人生は〜と、20代からえらそうなことをいってきましたけど、ほんとに想像力が足りていなかったと思いました。本を読んだり映画を観たり、いろんな人の話を聞いたり生き方を見たりして私たちは人生をシュミレーションする。その場合にセクシュアルマイノリティの人たちには、想像力を働かせるためのモデルがほんとうに少ない。

前川：なるほど。介護の段階まで含めて、モデルが少ないというのは辛いでしょうね。今ようやく、モデルがないところで道なき道を切りひらいている当事者たちが出てきていますから、それはかなり勇気をあたえているんじゃないかなと思う。同性婚を認める自治体が出てきたのですから、これをちゃんと法律上認めるというところまでもっていかなきゃいけない。

憲法24条があるからダメだとか、わけのわかんないことをいう人がいる。両性の合意に基づくって書いてあるから、男性と女性のペアじゃなきゃいけないんだという。そんなふうに憲法24条を読むのでしょうか。男性と男性だって性と性だから両性じゃないかって、私はそれでいいと思ってる。しかも、憲法24条は、「個人の尊厳」という言葉が唯一出てくる条文です。個人の尊厳は憲法を貫くいちばんだいじな価値だと私は思ってますけど、その言葉が条文に出てくるのは24条だけです。

個人の尊厳に基づいて婚姻はあると考えたときに、その個人の尊厳というのはその個人の、その人その人の固有のあり方があるわけだから、その人がその人であるということをだいじにして、その人であるその人と、この人であるこの人が、合意して、形作っていくパートナーシップが婚姻だと考えればいいわけだと思う。

その人がその人であること、この人がこの人であることを徹底的にだいじにするという考え方をとれば、いろんな多様性があり、グラデーションがあるでしょうから、そのなかのどれであってもかまわない。自分が自分であることに、まずそれでいいとだれもが思えるようにしてあげなきゃいけないと思う。

企業も変わりつつある

金井：私の教え子で、Rainbow Weekの中心になってになっている杉山文野さんがいます。杉山さんは、神宮前に「irodori」といういろんな人たちが集える飲食の場として店をつくりました。2年ほど前でしょうか。ガラス張りになっているお店の正面から、人が8人ぐらい座って、ワインを飲んでいるのが見えました。なんかの瞬間に「乾杯」している、もうその様子が美しすぎて外でしばらく見とれていました。たぶん、いろんな背景がある、さまざまなメンバーズが、それも全員サバイバーです、80代のかたもいらしたと思うけど、思い思いのファッションに身を包み、ずらっと並んで、楽しくお酒を飲んだり、談笑している雰囲気でした。

私はそれを見たときに、みんなにこのシーンを見せてあげたいって思いました。私たちがたくさんの映画で観たり、あるいは日常のなかで見たりする幸せの風景は、男女のペアやお父さん、お母さんが中心の家族が圧倒的に多い。だけど海外に行くと、男同士で手をつないで、カフェで自然にワインを飲んでるのを見ることがある。そういうものを実際に見ないと、ほんとうに幸せそうだ、美しいと真から思えない。私は、目に福があったなと思って脇を抜けて、予約している席に着きました。

そこで打ち合わせをするメンバーの薬師実芳さん（特定非営利活動法人 ReBit 代表理事）を待っていました。遅刻する子じゃないのにな、と思いながら。そしたら、その人が裏口からはいってきました。「あれ？　どうしたの？」って聞いたら、「あっちに重鎮たちがいらして、外から見たら、なんか神々しいっていうか、ぼくらがずっと生きていったら、この先にこういう場面があるんだと思ったら、その横をただの客みたいにはいってくることができなかった。それで勝手口からはいってきました」といってました。私も「わかるー！」といって。

私はシスジェンダーでヘテロセクシュアルなので、私の人生の先に彼らがいるわけじゃないんだけど、でも、いっしょにこの世界をつくっていくメンバーとして、誇らしかったんですよね。余裕があって充実していて、ファッションもすごく素敵で人を受けいれる、温かい雰囲気があって。目に見えるってことは、こんなに人をエンパワーメントするのかって思って、ものすごくうれしかった。

杉山さんに、「いいことしたねえ」って改めていいました。店を出すと聞いたときは、私はどうなるかと思ったけど、こういうシーンがガラス張りで見える。

前川：ガラス張りはいいですね。

金井：ところが、今月でそこの店なくなります。国立競技場のまむかいぐらいのところです。

前川：オリンピックのせいなのかな。

金井：たくさんのものを可視化していく、それはべつにきれい事でっていうことじゃなくて、自然な形で生きてきた人間の充実感みたいなものに触れる機会が必要だなと思いました。いろんな条例ができたり、法律ができることによって、そのことによって蔑まれたり、罵声を浴びることに、ストップやプロテクトがかかるってことで、町なかの風景が変わっていくっていうことがあります。最初はびっくりするかもしれないけど、それが日常的になれば、いちいちひやかしをいってるほうがめんどうになる。

前川：それが当たり前になればいい。世界中を探せば、オランダみたいに、もうまったく当たり前になってるという国がある一方で、まだ、同性愛は犯罪だみたいな、とんでもないところもあります。

金井：死刑になるところもあります。

前川：2015年に、ユネスコで会議がありました。性的指向、性自認、性表現に起因する暴力への対応について考える閣僚級会合です。なぜか日本はぜひ来てほしいと、招待状が届いた。ちょうど全国調査をしたり、通知を出したりしたあとだったので、日本の文部科学省が積極的に動きはじめたらしいぞ、という情報がユネスコに伝わったようです。閣僚級会合なので本来は大臣が行くべきものですけど、そのときの私のポジションは次官になる一つ前のポジションで、文部科学審議官でした。文部科学審議官の英語の名称は、Deputy Minister です。次官になると、Vice Minister です。どうちがうのかよくわからない。その Deputy Minister だと閣僚級会合に代表として行けるわけです。閣僚級会合に Deputy Minister として出席しました。

いい出しっぺはどこかというとオランダです。オランダ政府がこういう認識を高める必要があるといって、加盟国に声をかけた。でも、そこにやってきた国はそんなにたくさんはなかったです。出席した国は、30から50くらいだったと思います。しかもその半分ぐらいは、そこにいる代表部の人間が来てるだけで、本国からわざわざ関係者が来て出席しているという国は10か国ていどだったような気がする。ただ、そこにはセクシュアルマイノリティにかかわるさまざまなNGOの人たちがたくさん来ていました。そういう人たちとずいぶん仲よくなりました。

日本は、教育におけるセクシュアルマイノリティの問題というのは、まだ緒に就いたばかりで、そんなたいしたことをやってないという話をしました。いや日本は前向きだからよろしい、オランダの教育大臣からがんばってね、みたいなことをいわれました。最後の宣言文書を採択しましたが、その文書を採択するときには、チェアパーソンを日本がやれといわれて、私がその壇上に行って、じゃあ皆さんこれでいいですか、とやったんです（笑）。日本の教育行政は性的マイノリティに対して熱心にとりくんでいるという評判がたつだけでもいいなと思った。評判が立つと後ろに戻れなくなりますから。

さっきの法的枠組みも後ろに戻らないしかけだと思います。法律ができることによって、それよりも後退することがなくて、それよりも前に行こうとする。なんていうかな、勢いをつけてくれる、こういう国際会議に行って、日本が評価されるみたいな経験も、前向きに、それよりも後退しないで、前に向くっていう、そういう力学が働くと思います。あれは行ってよかったなと思いました。そこで私もいろいろ学びました。その国際会議でいろいろ話を聞いているなかで、ああなるほどと思うことが多かったので、ステッカーをつくってみたりしてみました。

その国際会議のあと、私自身の問題意識も高まったもんだから、いろいろと情報を探してみました。すると、日本の企業のなかにも、積極的にこの性的マイノリティをインクルージョンしていこうっていうそういうポリシーをもってる企業がたくさんあることがわかった。

金井：Rainbow Week の関係で、協賛企業の話もいろいろ聞きます。「ReBit」はＬＧＢＴ成人式をやってきました。１回目からすごいハラハラしながら見守ってきたのですが、協賛してくださる企業は、外資系のところも多い。

前川：やっぱり外資系が多いですか。

金井：多いですね。民族系で意識的なところは、外資を吸収したからなんだと思いますけど……。私の父は長年、野村證券に勤めていました。父が働いていた40年前の野村はほんとうにマッチョな会社で、男にあらずんば人にあらずみたいな会社だったはずですが、そこがＬＧＢＴフレンドリー企業にはいってたから、もう驚愕して、「同じ野村だよね」と二度見しました。

前川：私は野村證券のステッカーを知って、あ、同じことをしようと思ったのですが……。

金井：そうですか。いや、私の父が勤めてた会社と同じ会社とは思えない。いま、義理の弟も勤めてるんですけど、やっぱり企業でも変わるのですね。

前川：そうですね。

金井：大きな外資を吸収したから、そういう問題に対応せざるをえないという必然性もあると思います。このあともう20年、30年生きてたら、やっぱり全然風景がちがってくるのかもしれない。まずいほうにちがってくるかもしれませんけど。

前川：まあ逆もありえますよ。私は、今、日本の社会は分かれ道にあるような気がするんだけど。

金井：それはほんとにそうですね。

前川：ほんとにもう、80年ぐらいまえに戻るか、それともちゃんと前を向いていくか、ほんとうに危ないなと思っています。むしろ、少数者を排除するような方向に行きかねないですね。性的少数者に限らず、さまざまな少数者を排除していく。集団主義的、あるいはもっといえば全体主義的な、そういう風潮がどうもまた復活する兆しがある。ものすごく心配です。それを乗りこえることがとてもだいじだと思います。

それでも、少しずつよくなっている

金井：次の話題もちょっと話をしたかったんですけど、ＬＧＢＴ就活を支えること、これは自分のライフワークにしようと思っています。私は、東日本大震災以後、福島のお米づくりのお手伝いをずっと続けていて、田んぼや、おうちを借りたりして活動しています。

前川：福島のどこですか。

金井：福島の天栄村です。会津の手前、白河のちょっと奥です。大好きな村です。農家さんたちの感覚からしてみたら、やっぱり、村で結婚して子どもを育るべく、Ｉターン、Ｕターンで来てもらいたいという意識だろうと思っていました。ＬＧＢＴの人が来て農業をすることについては、たぶん全然想像してはいないと考えていました。移住や二地域居住などのいろんな施策を国がやるときも、結局はカップルになって、そこで定住して子どもを育ててっていう、まさに20世紀モデルのままですものね。

もう6年ぐらい通いつづけていて、村の人ともいろんな話ができるようになったし、この4月からは、「天栄村ファームコンソーシアム」といって、個々の農家が独立しつつ、いっしょに、研究や教育を行なうグループをスタートしようとするに際して、もう親友になってる3人の農家さんに、じつは私はこういうことを今までやってきていて、その人たちが安心して安全な状態で田んぼづくりをしたり、LGBTの人もシスジェンダー、ヘテロセクシュアルの人も、双方が過ごしやすい居場所づくり、形を見える化するというのも先々の夢なんだよねということを話しました。3人はホモネタで盛り上がるというタイプの人たちではないけど、わりと伝統的な家族意識のなかにある人たちだからどんな反応になるかなって正直、不安はありました。そうしたら、「田んぼが好きだったらいいばい」っていってくれた。「みんな田んぼがきらいで出て行くんだから、好きで来てくれてなんかやってくれるんだったらいいばい」っていう。

前川：金井さんは福島の出身ですか。

金井：いいえ。私は大阪出身です。

前川：でも、福島弁うまかったけど。

金井：そうですか（笑）。すごく拍子抜けするぐらいだったんです。ずっとそのことを課題に考えていて、なんかのタイミングで口に出したとたん、「なんだそれ」ってドン引きみたいな感じになるかなと思っていました。50代後半の3人ですけど、なかの一人は役場に勤めつつ、兼業でやってる人ですけども、大学時代の友だちにセクシュアルマイノリティの人がいて、すごく仲良しだったそうなんです。最初はちょっとなじめないなと思って、なんだろうっていうのがあったけど、そいつはほんとにいい奴で、4年間親友としてつきあった。そういうのを知ってるどころじゃなくて、いい奴っていう感じがあるから、全然偏見はないといっています。あとの二人はあんまり周りにいなかったけど、「でも、じつはけっこういるんだなあ」みたいな話になって。

私は自分のなかにすら逆に偏見があったなと反省しました。ようするに50代後半くらいで、村のなかでそれなりの役割をはたしてるような人は、きっと古い価値観のなかにいるって。これから村に来てもらってもいいけど、それは移住して、子どもをどんどんつくってもらうぞ、みたいな反応だろうと、思いこんでるところがありました。ところが、実際に話をしてみると、「いいばい」という話になる。このあと本格的にいろんなことを展開しだせば、トラブルもあると思うけど、そのときにもいろいろこっちからぶつかっていって、やりとりできるなという手応えみたいなものを感じました。やっぱり日本国中の第一次産業に従事している人たちの場所で、ＬＧＢＴ当事者がそこで職業に就いてということはけっこうたいへんだと思います。さっきの協賛企業がどんどん出てきて、いわゆる一部上場企業をはじめ、外資系も含めてたくさんのところがこの問題にきちんと前向きに対応してくれるっていうようなことと同時に、第一次産業でも同時にはじまることのほうが、モデルが多様化して絶対いいなと思う。

いかんせん日暮れて道遠し、何をどうしたらいいんだろうみたいなことをメンバーにいったら、「それは先生、前川さんに聞いてみたら」って（笑）。

前川：聞かれても私だってわかんないですよ（笑）。

金井：だって前川さんはずいぶんえらかったんだもの。

前川：えらかったって……。
金井：「これからもえらくなるよ」って。
前川：もうえらくない。私はもう、ただの一私人ですから。文部科学省の幹部とも疎遠になっています。
金井：これまでのご経験をまるごと踏まえて、いろんな指針を示してください。教育の現場にもどしどし足を踏みいれて。LGBTの問題に関心がある前川さんと会って1時間後にこれから何ができるか話せるっていうのは、やっぱりすごく私はうれしい。国際的にもそういう場が広がりつつあるから、当事者もAllyも臆せずいろんな夢を口にしてみて、そしたらたまたまこういう人がいるから紹介するよとか、あるいはこういう場でこういうことをしてみたらって情報交換や提案ができると思います。
　法律をつくるところまであきらめず、それぞれが小さなモデルとしてでも、中高年の、地域、会社、役場であきらめずにやってきた人には、まだまだできることがあると思う。
前川：野村證券のえらい人が、会社の体質を変えていったみたいに、世の中は少しずつよくなってるだろうと私は思います。
金井：前川さんがいうと、すごい重み（笑）。
前川：被差別部落の問題であれば、私の二代前にはすごい差別がありました。私はその現場にいたわけです。私は奈良の田舎で育ちましたが、私の住んでる隣に被差別部落があったし、私の同級生にも被差別部落の出身者がいた。たしかに私の二代前の祖父母世代というのはものすごく強い差別意識をもっていました。でも、私の父になるとそれはもう相当希薄になっていた。ただ、よくみるとやっぱりまだ父には残ってるんじゃないかなと思った。いえ、私だってひょっとすると心の奥底のどこかに差別意識や偏見が残ってるかもしれない。まったくないつもりでいるけれども、まったくないと思っていてもじつはその意識の奥底のところで、ちょっと残ってるものがあるのかもしれない。そういう自分に対する疑いというのはあります。

ＬＧＢＴの問題については、これまで明らかに脳天気に差別していた。私は自分をふり返ってそう思うわけです。その当事者の悩みや苦しみに対しての想像力がまったくなかった。でも、それが少しずつ変わっていくわけだから、私はやっぱり世の中は、単純な進化論ではないけど、いい方向に向かってるだろうと思う。だけど、歴史のうえではときどき逆戻りもする。今、逆戻りしはじめているような気がするから、心配です。

たとえば、日本民族はこういうものだというところからはじめようとする人たちがいます。そうすると、それに合わない人はかならずいるわけです。たとえば、１９８０年代に内閣総理大臣をやった人の書いたのを読んでいると（笑）、日本人はまず単一民族で多神教であると書いてある。ほんとうにそうかな。そんなことないでしょう。一神教のキリスト教を信じてる人だってたくさんいる。それから、アイヌの人もいるし琉球の人もいる。単一民族であるというのもまちがいだし、全員がなんか多神教の自然崇拝みたいな、神社信仰を共有してるわけでもない。そういう、単一民族で多神教であるのが日本民族だみたいな定義をするとそこから外れる人がたくさん出てくるわけです。早稲田大学もそうじゃないですか、「花は桜木 男は早稲田」とか。

金井：だいぶクラシックですね。

前川：この「花は桜木 男は早稲田」というこの早稲田大学のイメージってこれどうなんですか、ちょっと問題ありません？
金井：いや、大問題です（笑）。
前川：この前、６大学野球を見に行って、早稲田大学の応援席を見てたら、「女も早稲田」と書いてあったけど（笑）。
金井：人類には、男性と女性と早稲田女がいるという（笑）。私その部類かもしれませんけど。
前川：そうですか。
金井：マッチョな大学の側面は今もあります（笑）。
前川：森喜朗さんのような早大雄弁会出身の歴代総理がいますね。
金井：そういえば、先ほど出した教育実習見回り問題で気づいたことをひとつ。あるときから、訪問先に行って名刺を出してやりとりする校長が、私と同い年か年下になりだしました（笑）。あ、そうか、この先死ななかったら、どんどんオヤジと思ってた人よりも私が年上になっていく。当たり前のことだけど、その想像力が欠けていました。

なんか断定口調でものをいう人は、孤高の人で100人の反対があってもこれをいうという人よりも、俗情と結託して、これをいうと拍手が来るみたいな感じでものをいってる人が多いかもしれないなと、このごろ考えることがあります。早稲田でいえば、私は、早稲田村の村はずれの山のなかで、ひっそりキノコ栽培しているみたいな感じです。なにやってるのみたいな感じで、いろいろ不審に思われたりしても、やめずにいるっていうのもそれはそれで意味があるかなって。もしかすると、みんなからワーッと拍手してもらうようなことをいってる人のほうが、寂しがりで、衆を頼まないといられない人かもしれない。

一昨年ぐらいに、ある校長先生と話をしていて、私は先生よりも何歳弟ですとかいわれて、そうか、あの校長から見たら、私もうざったいオババに見えるのかもしれない。でも、これからも衆を頼まないで、やってきたことを細々と続けようと思いました。このまま死ななければ、世の中の社長という社長、大臣という大臣が、私よりも若くなっていく（笑）。絶対長生きしようって思います。

そのときに、たとえば、おっかさん枠とか、ばあちゃん枠にはいって、男なんて手のひらで転がせばいいみたいなものになっちゃつまんないと思う。

「なわけねーだろ運動」のすすめ

前川：今年の4月から道徳が教科化されて、道徳の教科書というのが一斉に全国の小学校で使われはじめます。来年からは中学校で一斉に使われます。道徳の教科書を見ると、とにかく、個というものが欠落しています。集団の一員としての責任みたいなことばかり強調している。もうひとつ強調されるのは、集団のルールを守りましょう。集団というのは一人ひとりちがう人間が集まってつくっているものであって、そのちがう人間たちがいろいろ議論しあって共通のルールをつくるというのが社会だと思うんだけど。そうやって、ああだこうだいいながら、やっとこさつくるのが集団のルールだと思うけど、それを、はじめからルールがあるんだ、ルールに従うのが集団の一員の努めだという話ばかりです。さらに自己犠牲とか自己抑制ばっかり美徳だといってすすめる、そういう内容ばかりです。それが日本人としての自覚だという。集団の一員としてしか自分を定義できないというか、それが日本人としてのアイデンティティだといわれる。アイデンティティとはそういうものじゃないだろうと思います。

金井：そうですね。

前川：一人ひとりにアイデンティティがあるわけでしょう。そのなかにはお母さんはフィリピン人だという子だっているだろう。私は自主夜間中学というところでボランティア活動をしてるんですけど、いろんなタイプの子がやってきます。この前来たのは、お母さんはフィリピン人、お父さんは日本人。つい最近、日本にやってきたんだけど、日本の名前をもっています。だけど、日本語をほとんどしゃべれない。でも、戸籍上のその漢字の名前はもっている。国籍も日本です。こういう日本人もいる。それなのに、日本人としてのアイデンティティを前面に押しだして、とにかく、個としてのアイデンティティをもてない人が集団に同化することでそこに安住する心理を教科書で教えこもうとしている。そういう社会心理的なものが、ものすごく大きく動いてる気がします。集団のなかにしか自分の居場所、存在理由を見いだせないような人が日本にはもともと多いんだけど、若い人のなかにさらに強くなっているようです。やっぱりこれは学校教育に問題があったんじゃないかな。

金井：二人で総懺悔みたいな感じですね（笑）。

前川：「服装の乱れは心の乱れ」という言葉があって、これが一つの合言葉です。とにかく外見が乱れていると（規格にはまってないということ）、いけないという。髪が黒くないとか、スカートが短いとか（以前は長いのが問題だった）、長くても短くてもいけないんです、とにかく標準とされる長さでなきゃいけないとか。そういう規格化した基準に当てはまらないといけないという。日本の学校教育の歴史のなかで、校内暴力をそうやって力で抑えつけた歴史がありました。そうやって、一見表面上おさまったかに見えたけど、ほんとうはおさまったのではなかった。

金井：潜行して悪質ないじめに転化しただけでしょう。

前川：そうでしょう。校内暴力を抑えたのでいじめが蔓延したという因果関係はあると思います。前提として日本の学校の体質があって、日本の学校は、軍隊に倣ってできている、軍隊式の組織です。

金井：学制と徴兵といずれも明治5年スタートと同じですもんね。

前川：そうです。よくにています。今だって、運動会の入場行進は、あれはもう軍隊の分列行進そのものです。で、先生のかけ声がそもそも軍隊の、訓練、教練というのかな、訓練そのものです。「全隊前へ進め！」とか、「全隊止まれ1、2」とか、あの、「ぜんたい」の「たい」というのは「体」じゃなくて兵隊の「隊」です。そういう集団主義的な風土がもともと日本の学校のなかにあって。異なる人間を排除しようっていう力が強いのです。ほんとうは一人ひとりの個性を重視する教育というのを、30年前からすすめようとしていたはずですが、うまくいってない。

金井：寺脇研さんが導入されたゆとり教育の結果はどうか。私は大学という学齢期の終わり、出口調査のところにいるわけですね。ゆとり教育世代のメンバーはいいです。ややもややわやわやしたものも含めて、自分の表現をしようとしている。ほんとにあの一瞬だけ晴れ間のように個性的なプレゼンができる大学生たちがいたっていう感じです。どこの声が大きくなってそのゆとり教育はろくでもないものばかり産出したみたいな話になったのか……。

規格にはまらないことに対するすごい恐怖感があるのでしょうか。不安でしょうか。でも、ゆとり世代をみていると、必要があればちゃんと集まってきてきちんとはじめますし、それで、大混乱なんて一度もなかったです。メディアの学力低下キャンペーンというのはほんとにひどかったですね。

前川：「円周率が3になった」なんてひどいことをいわれたからね。「円周率を3だと教える」といわれたとたんになんだそれと思います。それは、ある大手学習塾の陰謀ですからね。

金井：あのようにわかりやすい例を出して、ことを単純化し、みんなの呆れを誘うっていうのは、LGBTの問題でもおなじです。「えっ、そしたらなに、もう更衣室とかなしになるわけ」みたいに。よく考えれば、そんなわけない。それぞれの学校の環境に応じて衝立《ついたて》を立てたり、子どもの数が減っていて空き教室もあるんですから、環境に応じて工夫をする余地は十分あると思います。

極論を前景化して、そんな非常識なことがあってたまるかみたいなのは、現実的ではないと思います。落ち着いて議論するために、私は今後は人生経験を積んだ年配者が果たす役割が大きいなと思っています。過熱した極論に対して「なわけねーだろ」「ゆっくり考えよう」という声かけや書きこみをして、目の前の一つひとつに向きあいたいと思います。

さっきの本音と建て前問題も、感覚で終わらせたくはない。公の場ではいえないけど、「やっぱきもい」と思ってるよみたいなことにかんしても、それを「本音」ととらえていいかどうか。まだ教育を受けるまえの状態で、知らないことやあらかじめ擦りこまれたことで恐怖心がいっぱいでも、不安に思ってる状態から、知って学べば、歩きだすことができると思います。そのことについて知識や自覚が圧倒的に足りなかった私や前川さんを含む中・高年世代が、Allyになって暮らしのなかでも、ネットのやりとりでも「普通は」とか「常識では」とかで判断せずに、「なわけねーだろ」「ほんとかな?」とつぶやいてみる。「なわけねーだろ運動」っていうのをやらないと。

前川：なるほど。「なわけねーだろ運動」ね。

金井：本音という名の極論。あるいは、非現実的ななんか、煽りみたいな言説にうんざりせずに、どうしたら少しでもしのぎやすい環境がつくれるか、考え続ける運動です。実際にあるいはメディアを通じても、当事者の声が聴ける環境も、かつてないほど身近になっています。自分たち自身の感じ方に対しても、「なわけねーだろ」と混ぜかえして変えていく／変わっていくことを止めたくないと思います。

（2018年3月2日、明石書店）

V　沖縄の歴史教育

平和教育をつくりかえる視点

新城俊昭×前川喜平

なぜ、沖縄の歴史教師になったか

新城俊昭：私は、沖縄で歴史教育をすすめてきました。前川さんは文部科学省にいらしたのでおわかりだと思いますが、全国一律の教育課程、カリキュラムで教育していくと、沖縄の歴史という科目はないので、日本の学校ではほとんど教えられていないというのが現状です。このことは１８７９年に琉球併合されたあとからずっとつづいているといっていい。

私は1950年生まれです。じつは私が5歳のとき、父が米兵による交通事故で亡くなりました。今でしたら、米兵が事故をおこした場合、賠償金や見舞金などが支給されますが、当時は事故で沖縄の住民をひき殺しても、多くの場合、軍法会議にかけられてもほとんどが無罪にされました。

私は父を亡くしたあと、いろいろ事情があって母と二人の妹とも生き別れ、一家離散というかたちで親戚に引きとられました。祖母といっしょに引きとられて育ちました。私が学齢の頃に、沖縄では「祖国復帰運動」があって、その中心になっていたのが学校の先生たちでした。その後ろ姿を見て、「ぼくも教師になりたいな」と思っていました。

おそらく、他の沖縄の子たちよりも、父があういう形で亡くなったということもあって、強く意識していたところがあったのかもしれません。ところが、中学から高校にかけての反抗期の頃、沖縄では島ぐるみで復帰運動をやっているのに、なかなか本土復帰が実現しない。この現実味のないような運動をしていてどうなるんだって思いはじめた。あれほど関心をもっていたのに、父が亡くなって不幸な思いをして、これからあとも巨大な権力と闘っていって不幸な思いをするのが馬鹿らしい。そういったことから離れて、どうすれば自分自身が幸せになるかを考えた方がいいや、と思いはじめました。

その頃は陸上競技に打ちこんでいました。高校のときに、広島インターハイがあって、私は400m走と1600mリレーの県代表で参加することになりました。当時の沖縄はまだ復帰してなかったので、特別参加という形です。そこで面白い体験をしました。早くも予選敗退で暇をもてあましているところに、「おりづるの会」という、広島の被爆者たちにボランティア活動をしている女子生徒たちが10人ほど私たちの宿舎に来て、交流会をもちたいといってきました。私は暇をもてあましているわけだし、女の子たちが来たので、よこしまな思いで「どうぞ、どうぞ」なんていって、楽しく話をしようということで交流会をもった。そこでびっくりしました。広島の悲惨な原爆被害の実態、そして、被爆者がどれだけ辛く苦しい思いをしているのか、私たちができることは限られているけれど、もう二度とこのような悲惨なことが起こらないようにするにはどうしたらいいのか、などと涙をこぼしながら、真剣に話していた。そして、沖縄の現状はどうなっているか、聞かれました。私は自分の父のこととか、復帰運動のことを話しながらも、こんなに真剣に「平和」について考えている同世代の子たちがいるのに、俺は自分の幸せのことだけを考えている、そう思うと、とても恥ずかしくなりました。根っこから復帰運動に背を向けているわけじゃなかったので、「ハッ」と目を覚まされた。

前川喜平：一種のあきらめがあったわけですか。

新城：そうです。どうすれば自分が幸せになるかを考えたほうがいいや、みたいなのがあった。しかしこういった現状を決して許してはいけないという思いはある。ただ相手が、あまりにも巨大すぎて。

前川：わかります。60年安保後の日本中、そういう機運があっただろうし、今だってちょっとそういう機運があるかもしれませんね。

新城：そういった巨大な、自分の力でどうしようもないものと闘うより、目先のことを考えてしまう。

前川：名護のこの前の市長選も、そういう気持ちが働いているような気がします。

新城：そういったことで、沖縄はずっとゆれ動いています。そう思っていたときに、思いがけない質

問をされました。たとえば、江戸時代の沖縄はどういうふうな状況でした？　たとえば、水戸黄門のような話が沖縄にもあるのか。そして、琉球王国ってどういう国なんですか？　そんなことを聞かれたときにほとんど答えられなかった。

というのは、当時、沖縄では、「祖国復帰運動」といっていたぐらいで、本土を「祖国」と呼んでいました。それは同化政策の延長線上の発想だった。そういったこともあって、沖縄でも琉球・沖縄の歴史はまったく教えられてなかった。そのときに、ハッっと思った。沖縄は本土とはちがうと思っていながら、何がちがうのか何も答えられない。

そこで私の気持ちが固まっていきました。復帰運動をしている先生の後ろ姿を見て、教師になりたいという思いはまえからもっていた。体育の教師になろうかなというのと、もう一つは、歴史が好きだったので、社会科の先生になろうかなというのを漠然と考えていました。それが、沖縄への帰りの船のなかで、ハッキりと固まったんですね。教師になろう、それも歴史の先生になろうと。そして、復帰運動をはじめ沖縄の抱えている様々な問題をしっかり教えて、その背景となる琉球・沖縄の歴史もしっかり教えていこう、それが私の仕事になるだろうと。

前川：そのとき、何歳ですか。

新城：18歳です。ですから、それが私の復帰運動です。復帰運動をした先生方からバトンを受けとるんだ。

じつは広島に行ってみて、いろんなことが見えた。沖縄にいるだけでは見えないことがある。沖縄からは本土がよく見えるとよくいわれる。ところが沖縄に住んでいると何も見えない。やっぱり本土で勉強しようと、東京の大学に行くことにしました。

一浪して、アルバイトでお金を貯めました。ところが、いざ働くとなると、自分があれほど批判していた米軍基地のなかにしか金になる仕事はない。結局、基地のなかで働かなければならなくなりました。その矛盾に、ああ、沖縄はやっぱり抜き差しならない状況にあるんだと気づいた。自分の父が米兵にひき殺されて、米軍に対して批判的だったし、米軍基地で働くこともあまりいいように思ってなかった自分が、いざ大学進学のための資金を貯めようと働こうと思ったら、行きつくところは米軍基地か基地関係の仕事だった。これが沖縄の現状だとショックを受けました。

一浪して立正大学にはいりました。ただ、困ったことに、沖縄の歴史は、本土の大学では教えてくれません。ほとんどもう独学の形になってしまいました。でもそれがある面、よかった。沖縄を本土から客観的にみることができたし、何よりも歴史教育のあり方について考えることができた。

立正大学の教養部は埼玉の熊谷にありました。1年目の最初のゴールデンウィークにフィールドワークがありました。史学科の仲間とともに、いろんな遺跡が見られるということで、喜んで参加しました。最初に行ったのは、古墳でした（場所はよく覚えていない）。ところがどこを見ても古墳らしきものは見当たらない。「○○古墳ってどれ」と聞いたら、「それだろ」っていわれました。そういえば、ちょっとこんもりとしたのがあります。「えっ」と思ったんです。というのは、頭のなかにある古墳はいわゆる前方後円墳でした。教科書に写真が載ってますね。大仙古墳群などのような、あれが古墳だと思っていました。そういわれて、知識が蘇った。そういえば前方後円墳のような大型古墳は関東地区には少なくて、円墳や方墳が多いという知識があとからついてくる、というような状態でした。自分が知っている歴史像と、目の前にある遺跡が一致しなかった。

そのときに、自分は日本史を勉強してきたつもりでいたが、実像と結びついていないことに気づいた。そこで歴史教育とは何か、ということを考えました。たとえば、沖縄戦について学ぼうとすると、教科書には「1945年4月1日、米軍が沖縄島に上陸した」と一行程度しか記されていない。これでは沖縄戦を知ったことにはならないですね。では、歴史を知るということはどういうことか。「4月1日、米軍が上陸した」を掘りさげて調べてみる。そしたら4月1日ではなかった。3月26日、慶良間諸島に上陸していたということがわかる。さらに調べると、この地でいわゆる「集団自決」があり、日本兵による住民虐殺があったことを知って、びっくりするわけです。なぜ、こうした悲惨なことが起こったのか、事実関係を掘りさげて考えていく、この思考経路をつくっていくことが歴史教育じゃないか。

沖縄で、自らの足元を見ないで、本土にある古墳の話とか、奈良時代とか、江戸時代の話とかを知っても、知識はたしかに得たかもしれないけど、掘りさげて歴史を学ぶ歴史的な思考力を培うことにはならない。歴史教育の基本は、足元の歴史に光をあて、そこに浮かびあがってくる事象を深く掘りさげて理解しようとすることにあるのではないだろうか。沖縄の私たちは、米軍支配下のときにも、本土と同じ検定教科書を使っていましたが、そこに沖縄のことはほとんど書かれてない。日本や世界の歴史を、ただ知識として学んでいたにすぎず、掘りさげてものを見ることをしていなかった。そこで、若い頃の私は、「沖縄に歴史教育はない」と先輩教師たちに食ってかかっていたものです。

大学を卒業して、沖縄に帰って来て社会科教師になったら、案の定、テキストがない。あの頃は生意気だったんでしょう。組合主体の教育研究集会が活発に行なわれている頃で、社会科部会では、復帰後の沖縄の抱えるさまざまな問題が多くとりあげられていました。ところが、その背景となる歴史がきちんと押さえられていない。私自身の経験から、復帰前の教育は、無批判的な日本志向で沖縄の主体性や独自性をあいまいにしていたとの認識があり、その延長線上に当時の教育もあると批判したのです。現在おこっている事象だけを教えても、その背景となっている歴史がわからないと問題の本質に迫れない。やっぱり、きちんと歴史を教える必要があるんじゃないかと考えました。そこで、私は、沖縄には歴史教育がないといってしまった。ずいぶん生意気なやつが来たと思われたでしょう。

前川：それは70年代ですね。

新城：74年から80年代にかけてですね。よく聞けばまっとうな話ではあるでしょう。ところが、いわれた先輩たちは、復帰運動を先頭で闘ってきて、日本復帰を実現させたという自負をもった人たちです。沖縄には歴史教育がないと大学出たての青年教師がいうもんだから、きっと癪に障ったことでしょう。私としては、いいだしたからには自分で沖縄の歴史教育をつくっていかなければならない、という使命感のようなものをもちはじめていました。それが出発でした。

沖縄史から、日本史が立体的に見える

前川：なるほど。私は、本土の学校でも沖縄の歴史はちゃんと勉強すべきだと思います。私の沖縄との最初の出会いは小学校の担任の先生が、社会科、地理だと思いますが、沖縄は日本だと思うかという質問をしたときです。私が小学校の5年生のころだから1965年頃です。そこで、みんな「アメリカ」といいました。だれ一人、沖縄は日本だといわなかった。「沖縄はアメリカでしょ」というのが、その時代の本土の小学生の認識。

新城：この「アメリカでしょ」というのは国家としてのアメリカ？　それともアメリカに占領されているという意味なのか。

前川：ハワイのようにアメリカの領土になってるという意味でしょう。

新城：なるほど。

前川：そういう感覚だった。そしたら先生が、「いや、沖縄は日本だ」といいました。それで、「そうだったんだ」「日本なのにアメリカがなんかいるだけなんだ」みたいな反応でした。そのときにはじめて知りました。アメリカだとずっと思いこんでいた。それが一つの思い出ですね。

新城：これはやっぱり大きいですね。日本の子どもたちが、自分たちの領土である沖縄をアメリカだと思っていて、きちんと学校で教えられてない。

前川：そうですね。でも、そのあと、もうひとつ、日本だともいえないんだというのがだんだんわかってきた。

新城：ああ、なるほど、いわゆる占領されてるという意味ですか。

前川：いや、もともとは琉球だと。

新城：なるほど。

前川：それはだいぶあとになってから、わかったことです。

新城：沖縄は琉球王国で、一つの国家だった。

前川：それはやはり、高校生ぐらいになって、琉球処分なんかの勉強をして、それで理解しはじめました。いま考えてみると、私の知識で思うには、沖縄、つまり琉球というのは、日本帝国の最初の植民地だったのではないか。

新城：そういってもいいかと思います。私たちはそういう認識です。日本帝国による台湾の植民地化、朝鮮半島の韓国併合があるが、その最初が琉球併合だったという捉えかたもできますね。

前川：北海道もそういう意味あいではアイヌの人たちが住んでたということがいえるだろうけど。

新城：大雑把にいうと琉球王国の歴史は約５００年です。

前川：その５００年の歴史のある琉球王国を併合したわけですね。やっと、最近になって、琉球処分というのは日本帝国の最初の植民地化だったんだというのがわかってきました。

新城：ただ、むずかしいのが、文化的、民族的となると、韓国や台湾とちがって、どちらかといえば日本との共通点が多い。しかし、国家として考えたときにはやはり琉球王国はあったわけですから、これを併合したんだという認識はもってもらいたいなという気はします。

前川：たしかに文化的なつながりは近いなとは思います。

新城：とくに言語的ですね。琉球語というのは日本語の系統にあるのですが、それと政治的仕組みである国家体制とは、また別な話です。そこはやはり分けて考える必要があるでしょう。また、琉球そのものが小さな国家であったということもあって、完全な独立国ということよりも、中国を宗主国とあおぐ国家と見なければなりません。

それが薩摩に侵略されて、日本にも支配される、最近では二重朝貢国と呼んでいます。つまり、中国と日本に貢ぎ物を納めて従うという、二重朝貢国という体制で、二つの国家を利用したり、二つの国家に利用されたりしながら、琉球王朝を存続させていた。いわゆる完全に独立した国家という概念とはちょっと外れるところが「琉球国」としての国家理解のむずかしいところでもある。

それはそれとして、国家として独自の政治体制をもっていたのは事実です。その琉球国を併合したわけですから、その過程をしっかり教えてもらう必要がある。そして、沖縄の子どもたちも、どういう形で琉球が併合され、自分たちが日本国民になったのかを知ることはだいじです。こういったことが、いまの日本の歴史教育ではすっぽり抜けています。

前川：本土の子どもにとっても沖縄の歴史を学ぶことで見えてくる立体的な日本の歴史はすごく重要だと思います。沖縄の歴史を学ぶことによってじつは日本全体の歴史を学ぶことにつながるはずです。

新城：そうです。

前川：そこが欠けているというのは非常に問題だなと私は思います。

コスモスはいつ咲くか

新城：ちょっと話はそれますが、30年ほど前に私が八重山にいた頃のことです。小学校教師の知人と話をしていて、話題が花の話になりました。その知人が小学校3年生を受けもったとき、4月はじめの理科のテストで春によくみられる花を選択させる問題があったそうです。そのなかにコスモスがあって、ほとんどの子どもたちが正答として選んでいたということです。コスモスは秋桜と書くぐらいですから、秋に咲く花と思いますよね。ところが、八重山ではその季節にコスモスが校庭一面に咲いているのです。子どもたちは、外を見たらコスモスの花が咲いているので、当然コスモスの花に丸をつける。ところが、市販のテストブックの解答を見ると、コスモスはバツとなっている。この先生は悩んでしまった。でも「正解」ではないのでバツをつける。それでも、子どもたちは、「先生、咲いてるよ」という。先生は、あれは狂い咲きなんだよ、コスモスが狂った。そういうことにしたんです。でもやっぱりどこかしっくりこない。これおかしいよね、と同僚の先生と話しあって、沖縄では春に咲いてるんだからバツはつけられない、ということで正答にしたということです。

たまたま私と本土と沖縄の生活文化のちがいについて話しているときに、このエピソードを思い出して話してくれたんですね。それは日本を画一的にとらえるからそうなるのであって、日本列島は南北に長いわけだから、季節もちがう、つまり、秋に咲くといわれるコスモスの花も、沖縄では春に満開になる。品種改良が進んでいることにもよるが、これを日本列島の豊かさとして認識する必要があるのではないか、ということでお互い納得しました。

私たちは、どうしても東京中心に画一的にものごとを見てしまいがちで、そこから外れるものはおかしなものとか、まちがっているという認識をするけど、そうではなくて、それを逆のかたちにとれば豊かさにつながっていく。マジョリティとかマイノリティの関係、マイノリティも、この人しかもっていない特性ととらえれば、豊かさにつながっていく。日本列島を見るときに、画一的にとらえないで、豊かさとして見ていこうよというのがだいじだということを教えられました。

前川：おっしゃるとおりだと思います。明治以降の日本の国というのは、とにかく国民を統合していこうと、言葉も同じ、国家観といいますか、国に対する観念を、教育勅語みたいなものをつくって、万世一系の天皇がいて、そのもとでみんな天皇の子どもなんだ、みたいなね、家族国家みたいな考え方を画一的に広めていって、みんなつながった一つの共同体だという、そういう意識を植えつけていった。言葉も、共通の言葉を使えといってとにかく強制していったわけですね。悪名高い方言札なんていうものがあった。沖縄でも方言を使ったらいけないといって、学校で方言を使ったらその方言札をかけさせられた。全国共通の言葉を強制され、それぞれの地域の文化を否定して、一つの国家がつくりあげた文化に染めていく、そういう文化政策、教育政策をずっととってきた。それは明治以来ずっと、しかもごく最近までやってきた。国語の学習指導要領では、私が若い頃は、訛りなく話せるようにするって書いてあった。

ところが、今の学習指導要領は、方言を大切にするといっている。国語教育の考え方も多様性を重視する方向に変わってきた。それはごくこの20年ぐらいの話です。それ以前は、国語は全国一律に、北海道でも沖縄でも同じ言葉が話されなきゃいけないという、そういう考え方でやっていました。だけど、その土地の言葉でしか表現できないものがある。

新城：そうです。これがだいじです。

前川：翻訳不能ですね。同じ日本語でも共通語に置きかえようとしてもできないニュアンスがある。

新城：そのほうがしっくりくるようないいまわしがあります。特に気候にかんするもの、沖縄は亜熱帯気候ですから、たとえば「かたぶい」という言葉があります。こちら側では雨が降っているけど、ちょっと向こうに行くと雨は降ってない、この現象を「かたぶい」といいます。あれは訳しようがない。訳してもつまらないし、わかりにくい。

前川：そういう現象は、東京にはないですね。

新城：食べ物のゴーヤーは、昔はニガウリといってましたけど、最近は東京あたりでもゴーヤーといってますね。こういうふうに身近なものを身近な言葉で呼ぶというのはだいじなことで、これもいわゆる日本語の語彙の広がりとして認識すれば豊かさにつながっていくのではないでしょうか。たとえば、在日韓国・朝鮮の人がいれば、これを受けいれる日本社会、ちがう文化をもった人たちがいることを、豊かさとして私たちが認識できるかどうかです。異質なものとして排除するのではなく、在日韓国・朝鮮人や中国人など、いろいろな人たちがいて、そこで暮らして、これを受けいれている豊かな土壌なんだ、と考えたい。料理の面では受けいれられているでしょう。東京にいれば、世界各国のいろんな料理が食べられます。これをほかの面でも同じように考えていけば、豊かな生き方につながっていきます。

前川：その発想いいですね。いろんな料理が食べられるのと同じように、いろんな文化があってもいい……。

新城：文化があって、生き方があって、考え方がある。服飾もそうです。それを受けいれれば、文化はそれだけ豊かになる。伝統は伝統で守ればいいだけのことです。

前川：そうですね、料理でこんなにいろんなものを受けいれてるんだから、文化ももっと受けいれられる素地があるんじゃないかと思う。ただ、今の世の中、料理でいえば日本食しか食べないみたいな話が増えている。和食が世界遺産だから、毎日和食だみたいな、そういう人が増えてきてるような気がします。

新城：逆に言うと、世界遺産にしなきゃならないような状況に追いこまれてきたのでしょう。それを危機感としてとらえる人がいる。文化は変遷していきます。いいものは残っていくし、残していけばいい。

言葉の問題でいうと、沖縄では、1940年に方言論争というのがありました。教育関係者を中心にして方言をなくそうということで、当時は、標準語励行運動といっていました。ところが、一般の人たちはこれを方言撲滅運動として認識していました。文献を見てもどこにも撲滅という言葉はない。あくまでも標準語励行運動です。私が年配のかたたちから聴きとりをすると、みなさん撲滅運動というんです。実態はそうだったということでしょう。ところが、いまでは、県教育庁が沖縄の言葉を使いましょうといっている。

沖縄は面白くて、方言という言い方をしません。「しまくとぅば」といいます。沖縄諸島でしゃべる「しまくとぅば」は沖縄口《うちなーぐち》といいます。沖縄は日本のたんなる一地方ではないんだ、もともと琉球王国だったんだと、だから方言じゃない、という自負心があって、最近の沖縄では方言という言い方をしません。時代が大きく変わったなと思います。

前川：沖縄のなかでも地域によって言葉はちがうのですね。

新城：ちがいます。沖縄の言葉を残すには大きな壁があります。共通語というのはつくられた言語です。沖縄にはいわゆる標準語はないわけです。宮古には宮古、八重山には八重山の言葉がある。沖縄諸島でも中北部と首里・那覇とはまたちがう。それぞれの地域を沖縄では島と呼んでいます。それはアイランドの島ではなくて、自分たちの出身地のことを指す島です。それで、「しまくとぅば」という。だから「しまくとぅば」というのは沖縄語の全体を指すんじゃなくて自分の住んでる地域の言葉をいうんです。ところが、それを残すとなったときに問題なのは、「しまくとぅば」はその地域でしか通用しないので、宮古島や石垣島の人と、沖縄諸島の人たちの会話が成りたつかというと、言葉がちがうので成りたたないわけですね。沖縄に共通語がないわけですから。だからそれで、共通語をつくろうという話と、いやいや、それでは文化を壊してしまうことになる、と反対する人が出てくる。

前川：それはむずかしい問題ですね。

新城：ということで、いろんな意見があるんですよ。だから「しまくとぅば」は残すけれども、じゃあ共通語がなければ、結局、いわゆる日本語で話すのかというふうなこととか。

前川：沖縄の共通語をどこかマジョリティの言葉でつくるという発想はあるのでしょうか。

新城：考えられるのは、首里か那覇の言葉ですが、そうすると今度は身分制の問題が出てくる。言葉というのはどの国でもそうだろうと思うけれども、古い時代の身分制を引きずっています。たとえば、首里、那覇の言葉には士族意識が反映されています。母親のことを沖縄では、百姓一般の言葉で「アンマー」という。ところが首里では「アヤー」とか「アヤーサイ」といいます。一般の人に「アヤーサイ」で通じるか。首里の人たちも「アンマー」といわれるのをいやがるんです。

沖縄で「しまくとぅば」を残そうという運動はありますが、壁にぶちあたってるのが、共通の言葉をどうするかです。おそらく那覇を中心とした言葉にしながら、時代に即した形でいろいろな地域の言葉もとりいれながら共通の言葉になっていくのかな。

また、時代によって言葉も変わっていきます。たとえば、「オバア」という言葉があります。よく沖縄の人が、「オバア」といっているので、「オバア」を沖縄口《うちなーぐち》だと思っている人が多い。ところが、あれは沖縄口ではない。おばあちゃん、おじいちゃんを略して、オバア、オジーと呼んでいるのであって、お父さんお母さんを略して、オットー、オッカアと呼んでいるのと同じです。今の若い人たちはオットー、オッカアとか、オジー、オバア、とかを沖縄口だと思ってるのです。

前川：オットー、オッカアと同じですか。

新城：さっきあげた方言撲滅運動（標準語励行運動）の頃に、いわゆる日本語を使いましょうというなかで、お母さんのことを本土の人たちは「アンマー」とはいわないで「お母さん」といってる。ただ、「さん」は、沖縄の人たちはいい慣れていないので、お母さんの「さん」をとって、「オカア」、おばあちゃんの「ちゃん」をとって、「オバア」になりました。これが残ったんです。何十年も使っているあいだに子どもたちは、「オバア」は沖縄で古くから使われた言葉だと思ってしまっている。ところが、年配の人にいわせたら、「オバア」なんて沖縄口はないよといいます。今では、「オバア」っていうのは沖縄の新しい沖縄口として定着しているといえるのでしょう。

だから文化というのはそうして、新しいものを受けいれる。それはそれでいいと私は思っています。そのなかでも古い言葉として、お母さんは「アンマー（庶民語）」「アヤー（士族語）」、お父さんは「スー（庶民語）」「ターリー（士族語）」という言葉が残っているということになればいいのかなと思います。

前川：たしかに言葉は変遷していくものですからね。

新城：それをいつまでさかのぼるか。日本語だって、江戸時代にさかのぼったら、いまの日本語のようないい方はしないでしょう。それとにたようなことが沖縄にもあります。１００年まえにさかのぼると、今とはまったくちがうでしょう。

前川：文化は文化として、古い言葉は古い言葉として尊重していったらいいと思いますが、日常に使われる言葉はどんどん変わっていきますね。

新城：そうです。だから日常会話と、文化としての言葉とをきり離してもいいと思う。たとえば、芸能の世界でいうならば琉球舞踊があります。琉球舞踊は、琉歌という琉球独特の定型詩と一体になっています。そこでは古典的な１００年以上も前の言葉が使われていてそれでいい。

沖縄史をカリキュラムに組みこめるか

新城：歴史教育のカリキュラムについてうかがいます。どうすれば学校教育のなかに沖縄関係の科目を組みこむことができるのか、行政を担当したかたのご意見をお聞かせください。

沖縄の子どもたちがあまりにも沖縄について知らないことが多い。その原因ははっきりしています。学校で教えられることが少ないということと、地域でもなかなか教えてもらえないということからです。そこで、基本的なアンケートをとってみました。こういうことについて知ってますかというかたちのものです。たとえば、組踊をつくった人は誰ですかとか。回答は語群からの選択です。

前川：組踊をつくった人がいるんですか。

新城：玉城朝薫《たまぐすくちょうくん》という人です。あるいは薩摩が琉球を侵略したのは西暦何年でしたか。こういったアンケートをとったら、正答率が低くて、3割から4割程度です。そして、圧倒的に多いのが「わからない」です。誤答とわからないを加えると、6割から7割近くになりました。とくに誤答よりも「わからない」が多い。一例をあげると、アンケート設定の際、薩摩の琉球侵略の項目では、いくらなんでも琉球を侵略したのが薩摩だということくらいは知っているだろうと考え、薩摩が琉球を侵略した年代を設問に設定しました。回答は語群からの選択にもかかわらず、正答率は9％（2007年）です。1609年に薩摩が琉球を侵略したという事実を知っている生徒が10％にも届かない、もしかしたら薩摩の侵略そのものを知らないんじゃないのということになった。

アンケートをとったのが現役の教師だったので、身近な学校とか、知り合いの教師を訪ねて、もう少し調べてみようということになった。その結果、薩摩の侵略そのものを知らない生徒が意外に多かった。つまり、私たちのアンケートの前提自体がずれていたのです。

そこで、これではいけない。沖縄の子どもたちが、少なくとも高校を卒業するまでに沖縄の基本的な歴史や文化を教養として身につけさせなければいけないと考え、「琉球・沖縄史」を教育課程に位置付けて必修科目とするよう、県議会に陳情書を出しました。それが2012年です。

県議会では、2013年度に全会一致で通った。ところが県教育庁は対応してくれない。学校設定科目に沖縄の歴史という科目があって、これで対応しているので問題ないという回答です。ところが、これを設定科目として置いている学校は半分もなく、かつ選択科目扱いとなっているため、履修する生徒も少ない。こういう実態なので、私たちは琉球・沖縄史を必修化するための検討委員会をたちあげ、そこで具体的な方法を研究してほしいという陳情をしたのです。それを無視して学校設定科目として置かれているので問題はないとして、そのままになっています。

お知恵を拝借したいのは、教育課程は全国一律ですが、よく見たらカチカチに枠にはめられているわけではないですね。琉球・沖縄史を必修科目またはそれに準じる科目として設定できるいい方法はないでしょうか?

前川：いくらでもやりようはあると思います。高等学校レベルの話ですか?

新城：話を広くすると混乱するでしょうから、高等学校に絞ってお願いします。

前川：高等学校でいえば、教育委員会、たとえば、沖縄県で琉球・沖縄史を県立高校では必修にするというやり方はあります。選択ではなくです。学習指導要領上の必修ではないけれども、たとえば、神奈川県の県立高校は日本史を必修にしています。日本史は今では必修ではなく、世界史が必修で、日本史は地理との選択になっています。それを神奈川県は、県立高校では日本史を必修にすると決めていて、ちょっと民族主義的な匂いがして問題がありますが、そう決めてるわけです。ですから、沖縄県の方針として、沖縄県立高等学校ではすべて琉球・沖縄史を必修科目にするということはできます。それから、学校開設科目という方法もあるけれども、日本史のなかでやってもいいと思いますけど。

新城：じつは現在の日本史の教科書では、琉球・沖縄史の重要事項が原始古代から現在の基地問題まではほとんど網羅されてはいます。いまいわれたようにやろうと思えばできますが、授業内容の制約上、かなり短めなコメントしか書かれてないので、これをふくらませるとなると授業時数が足りなくなるでしょう。

前川：日本史の枠内ではたしかにむずかしいでしょうね。

新城：ただ、日本史、たとえば、Aだったら2単位、Bで4単位ですが、Bの4単位を5単位にするとかいう方法もあります。

前川：それはあるでしょう。高等学校の科目設定は相当フレキシブルにできるはずです。

新城：ただ教師というのは、どうしても決められた枠にとらわれてしまって、なかなか崩せない。もう一つはやはり、受験。進学校では受験対策があり、日本史の単位を増やす余裕がない、学校によっては生活指導に時間を割かれて対応できない。というより、沖縄の歴史を優先にという雰囲気がまだできあがってないのかもしれません。

前川：そうですか。だったら、まず琉球大学とか沖縄国際大学で、琉球・沖縄史をかならず入試に出すとかはどうですか。
新城：それもいいことです。そうすると自ずと勉強せざるをえない。
前川：あるいは県教育委員会が教員採用試験でかならず出題するとか。
新城：そうですね。出してはいますが、若干です。影響を与えるほどではないのでしょう。地道にやっていくしかないのか。ただ、制度上は不可能ではないということを聞けただけでもありがたいです。
前川：琉球・沖縄史を勉強する理由として、これは使う必要がないかもしれませんけど、教育基本法が改正されて、郷土を愛する態度を養うって書いてありますね。
新城：なるほど、それを逆手にとって。
前川：逆手にとって、文化と伝統を育んだ郷土を愛する態度を養うと、わざわざ書いてありますから、沖縄を郷土ととらえるのであれば郷土史を勉強するというのは改正教育基本法の精神にもかなうということはいえるかもしれません。そうすると、沖縄県教育委員会も、文部科学省の覚えがめでたくなるかもしれません。

世界に広がる地域史

新城：教師のなかにも、琉球・沖縄の歴史に対する認識が、昔の郷土史レベルの学問だと思っている人がいます。沖縄という狭い地域の歴史ではないかと。歴史は、点ではなく、面としての広がりで理解しなければなりません。たとえば、沖縄戦のことを教えるにしても、昔の郷土史では沖縄で起こった出来事しか教えなかった。アジア太平洋戦争の全体像のなかに沖縄を位置づけて戦争の本質を見ようとするのではなく、沖縄戦の犠牲だけを見る。そこで、沖縄は唯一の地上戦であったと表現する。ところが私たちの琉球・沖縄史では、沖縄が唯一の地上戦だったとは記さない。なぜならば、この戦争そのものが中国大陸で地上戦としてはじまって、国内でも硫黄島や北方領土で地上戦が展開されているからです。突然、沖縄で戦争が起こったわけではない。満州事変までさかのぼらなければ、沖縄戦がおこった理由もわからない。中国大陸には沖縄からも兵士が行ってるわけですから、当然、沖縄人《うちなーんちゅ》も加害者になっているわけです。このような視点が、現在の歴史教育では重要になっているんです。

前川：なるほど。今度、２０２２年から、高校の学習指導要領が変わって、教科書も変わります。歴史総合というのがはいります。これは、近現代史を中心に世界史日本史を一緒に学ぶという教科になるわけで、私はこれは今の世界史必修よりもずっといいと思っています。また逆に、世界史ではなくて、日本史を必修にするという人たちの考え方よりもずっといいと思っています。

新城：私もそう思ってます。

前川：日本史と世界史、日本と世界というものをいっしょに学ぶというのがだいじであって、とくに近現代は、いっしょに学ばなければ、学んだことにならないだろうと思う。だからそういう意味でも、日本史・世界史と琉球史をいっしょに学ぶというのはいいと思いますね。

新城：私が沖縄歴史教育研究会を発足させて、20年くらいになるのかな、現在はそこに向けて勉強会をしていて、テキストづくりもすすめながら琉球・沖縄史を必修化する運動をしています。

前川：ペリーも浦賀に来るまえに琉球に行きましたね。

新城：そうです。当時の世界の歴史を知るためには、それがどうしてかを理解する必要があります。従来、小学校とか中学の日本歴史は、ペリーがいきなり浦賀に来てる。

前川：そう、琉球に先に来てるじゃないか。浦賀に最初に来たっていうのは嘘だ、その前に琉球に来てる。ペリーが日本のどこに来たか。まず最初に琉球に来たって書かなきゃおかしい（笑）。

新城：最近の教科書、とくに高校日本史の教科書では琉球を経由して、というふうに書いているのが増えています。

前川：琉球は条約を結んでいますね。だから経由じゃない。琉球に来たでしょう。

新城：そうです。琉米条約です。いま、この文書が外務省にある。いわゆる琉球王国を解体したあと、外務省はこう考えたのでしょう。琉米条約を琉球がもっていたら、これは一つの国家として認めた証拠ということになる。琉米条約、琉蘭条約、琉仏条約というぐあいにアメリカ、オランダ、フランスと条約を結びました。その原本を渡せと迫った。琉球はかなり抵抗しています。しかし執拗な政府の要求に対し、琉球王国の国家体制を変えないならば、という条件で外務省に渡してしまいます。ところが、そのあとに台湾出兵があり、その結果、中国が琉球を日本の一部として認めたとして、一気に琉球王国を解体させていきます。

前川：二枚舌というか、嘘をついた。

新城：副島外務卿の言質を得て（外務省の確認文書もある）渡しているにもかかわらず。

前川：あてにならないですね、政治家の書いたものなんて（笑）。

新城：そうですね（笑）。いわゆる琉球処分のときに、外務省の役人がこれはもう紙切れだということで相手にしてもらえなかった。沖縄からすると、都合よく利用されてきたという思いがずっとあります。

いま、沖縄は辺野古への新基地建設反対運動をやっています。一般には普天間基地の移設建設といわれていますが、沖縄ではその実態をとらえて新基地建設といういい方をしています。私は琉球・沖縄の歴史教育とか平和教育をやっているためか、本土の大手マスコミ、とくに新聞記者からインタビューを受けることがあります。あるマスコミ関係者といっておきましょうか、インタビューを受けたあと、帰り際に、沖縄は同じ日本なのに、どうして政府がいうことを聞かないの、みたいなことを言われて愕然としたことがあります。「同じ日本か」、ああ、ここから説明しないといけないのかと、そのまま帰ってもらうわけにはいかないので、琉球王国が解体され沖縄県が設置された歴史を話しました。聞く耳はあったようですが、どれだけ理解したかわかりません。

前川：琉球処分を知らなかったんですか。

新城：おそらく知ってはいるけれども、「もう日本になったんだろ」みたいな思いがあるのでしょうか。

前川：単細胞的な民族主義のようなものが、ものすごく広がってる気がする。ものすごく心配です。文科省にも責任があって、そういう方向の道徳教育をしてきたところがあって、日本民族は単一民族国家で、みんないっしょ、それが日本人のアイデンティティみたいなことをいうわけです。でも、日本人のアイデンティティはほんとうにそんなに単一なのか、日本といってもいろんな地域があって、日本のなかで暮らしてる人だってアイヌもいるし在日韓国・朝鮮人もいるし、沖縄の人たちもいる。日本人だという一つのアイデンティティなんていうものはないのではないか。さっきおっしゃった多様性というのですか、豊かさというのがあって、一人ひとりが異なるアイデンティティをもって暮らしてる。

新城：そういう豊かさがあること、私はそれを日本といってるわけです。

前川：私もそう思います。単純に日本人ならこうだとか、同じ日本人なのにとか、そういう言葉はものすごく危ないなと思います。

新城：そうです。一昨年でしたか、高江のヘリパッドで反対運動をしてる人に、大阪から来た機動隊員が、「土人」といったことがあった。あれは沖縄にとって歴史的にもたいへん屈辱的な言葉です。たんなる差別用語ではない。琉球処分官だった松田道之が琉球併合で沖縄県を新しくスタートさせるので、王府の役人たちに従いなさいっていいますが、役人たちはボイコットする。それに対して彼は、「お前たちが旧態を改めないときは、新たに発足する県庁の職務はみな『内地人』を採用する。ここの『土人』は一人も県庁に就職できず、あたかもアメリカの土人《インディアン》、北海道のアイヌ等のごとき態をなすにいたるべし」という告諭をだして、役人たちを厳しく咎めているのです。歴史を知っていると、その延長線上で考えますから、「土人」といういい方にすごく驚きがある。

ところが大学生や高校生は、この歴史的な経過を知らないので、「土人」という言葉を聞いても、地元住民を少しけなした程度の言葉で、それほど大きな差別用語だという認識がない。そこに私はまた危機感を感じています。

琉球を併合した明治政府は、沖縄県民の皇民化を図るために、琉球史教育を殲滅しているんです。つまり、学校教育のなかで琉球史を教えない。日本史のなかに琉球を組みこんだ教育をしていく。たとえば『続日本紀』に、南島の島々が入朝してきたとの記述があり、そのなかの信覚《しがき》を石垣島、球美《くみ》を久米島として、元明天皇の時代には大和政権に服属していたとして、皇国史観のなかに吸収してしまいます。このように、戦前の沖縄では皇民化教育が推進されました。

沖縄には、戦前、中学、師範学校までしかなかった。日本全県のなかで唯一、高等教育機関のない地域でした。伊波普猷《いはふゆう》が残した文書を読んでいると、彼らに高等教育の力を身につけさせると、いわゆるまた琉球王国復活などを叫ぶかもしれないので、よけいな教育は必要ないみたいないい方をする本土の人が登場する。沖縄にはじめて高等学校、大学がつくられたのは戦後です。そういった差別があったなかで現在の基地問題があるのです。

それを知らないで、いきなり同じ日本だろうといわれても、「同じ日本人として同等にあつかったか」といわざるをえない。

前川：いまだに日本の政策の犠牲になってますね。

新城：歴史の大きな節目のたびにといっていい。沖縄戦では本土防衛の捨て石にされ、戦後はサンフランシスコ平和条約で日本の独立と引き換えに米軍に提供された。のちに、天皇が沖縄を長期占領するよう希望したいわゆる「天皇メッセージ」があったことがわかります。沖縄では、この条約が発効した4月28日を屈辱の日といいます。
前川：「主権回復の日」と呼んだ政権がありました。
新城：２０１３年、安倍政権はお祝いをしました。沖縄のことはおそらく頭になかったのでしょう。1回切りで終わりましたけれども。
前川：あれをお祝いするっていう感覚は本当に無責任です。沖縄のことを少しでも思ってる人だったら、同じ自民党の人でも、あんなことをしないんじゃないか。
新城：沖縄の保守系の人たちのなかにも、自民党本部に押しかけて式典をとりやめるよう反対した人もいました。私も保守系のある方から、政府に送ったという主権回復の式典に抗議する文書を見せてもらいました。結局、政府主催の式典は開かれましたが、沖縄からは知事ではなく副知事が出席しました。

　１９７２年の沖縄返還に際しては、有事の際に米軍の核もちこみを認める密約があった。沖縄の人たちの日本復帰運動のスローガンは、「即時・無条件・全面返還」だった。つまり、米軍基地を即時に無条件で全面返還せよという要求です。ところが、日米両政府は「本土並み返還」で合意する。不満ではあったが、本土並みにはそれなりの期待はした。ところが、だまされた。
前川：どこが本土並みでしょうか。本土並みになってないですね。
新城：本土並みというのは、生活を含めて、基地もすべてが本土並みになるというふうに、なんとなく思いこまされていて、それでどうにか占領下時代が終わるわけだから、受けいれようじゃないかという思いがあった。だから、当時の県知事のコメントを読んでみると、じつに苦渋に満ちています。

たしか、「不満足ながらも、沖縄住民の悲願であった復帰を受け入れ、残されたあらゆる問題を県民が力を合わせて解決し、平和で豊かな沖縄県を築いていこう」というような主旨でした。復帰当日（1972年5月15日）の沖縄の新聞記事を見ると、復帰を祝う「祝」という文字がほとんど見当たらない。保守系の人たちのなかには、「日の丸」旗を立てて、お祝いしている人もいましたが、マスコミはほとんど報道しない。

それでも私たちは本土並みに期待はしました。ところがなかなか本土並みにならない。憲法が保障する基本的人権も適用されないという状況がずっと続いていて、この狭隘な沖縄に、全国の米軍専用施設の約70％が集中しています。この小さな島に、たいへんな負担なんです。どこが本土並みなのでしょうか。

前川：日米安保条約の説明としては米軍が日本を守ってくれているという説明になっていますが、日本が攻められてアメリカが守ってくれたことはいままで70年間ない。日本の基地にいる米軍は、ほかのところで戦争をするためにその基地を使ってるわけです。だから、日本を守るどころか、あれだけ米軍がいて、沖縄を守るためにいるんですかといえばまったくちがいます。日本を守るためにいるのかと問いなおすことが必要だと思います。

新城：そして、なぜ米軍基地が沖縄にこれだけ集中してるのか、その理由を説明していない。よく地理的要因といいますが、これはいかに欺瞞かというと、地理的にいうならば九州のほうが明らかにいいでしょう。朝鮮半島にも近いし、中国大陸も近い。沖縄がいいというわけではない。防衛省の職員もそう考えているし、アメリカも同様でしょう。地理的な優位ということが沖縄に当てはまらないということは、いまでは常識になっています。ではなぜか、政治的理由にほかならない、この政治的理由とはなにかといったら、この基地を受けいれてくれる地域が、日本本土にはないということです。それを日本政府は説得しきれないし、しようともしない。私にいわせれば政治の怠慢としか思えない。

前川：琉球独立論はどうですか。沖縄のなかである程度の支持はあるのでしょうか。

新城：琉球独立論はむずかしいところがあって、現実問題としてはかなりきびしいですけれども、沖縄の人たちの根っこの部分に独立論は存在します。ただ現実問題として、経済とか生活、文化を考えたときに独立するのはかなりむずかしいでしょう。

前川：独立するところまでいかないまでも一定の自治権があって、都道府県よりもずっと強い自治権をもって、中央政府がもっている権限の一部を分けもつような形はありえるのでは。

新城：かなり具体的な考えはあります。沖縄県議会議員経験者の会が研究会を立ちあげ『沖縄自治州』という本も出版しています。ただ、実現性はというと、まだまだといわざるをえません。しかし、そういう方向は考えられるでしょう。

前川：米軍の基地問題についても、沖縄は沖縄としての自律的な意思決定ができる。少なくとも日米だけではなくて、日米琉の合意で決めていくとか、そういう、法的地位を日本国のなかに確立するということはできそうな気がします。

新城：そういうふうな方向にもっていきたいのですが、現実は厳しい。その阻害要因は、県民のなかにもあります。それは先ほどの歴史教育に戻っていきますが、若い人たちが、こういった沖縄の歴史的背景をよく知らないため、自分たちは日本国の一部という論法にとりこまれてしまっている。たとえば、私は嘉手納基地のある高校にも勤めていましたが、嘉手納のある高校生が、「米軍は日本を守るため、沖縄を守るためにいるのだからとても重要だ」と発言しているのを聞いて吃驚しました。だから、「少々の基地被害はしょうがない」、というようなニュアンスでもあったんです。まさか、嘉手納の子が東京にいる高校生たちと同じような視点で嘉手納基地を見ているとは……。彼らは生まれたときから基地とともに暮らしてきたので、基地から派生する様々な問題に対しても私たちよりも意識が薄いのかもしれません。しかし、何よりも大きな問題は、嘉手納基地の成立過程やその役割と弊害などが、わかっていないということではないでしょうか。

前川：日本や沖縄を守るための戦いなどをしていないのに。

新城：むしろいろんな事件・事故で大きな犠牲を強いられてきました。普天間基地のすぐ近くにある高校で平和学習の講演をしたとき、最後の質疑の時間にある男子生徒が「基地が無くなったら沖縄の経済は困るだろう」と発言したんです。沖縄の基地問題の本質が理解できていない。基地は物を生産する産業ではない。沖縄みたいな狭いところに嘉手納のような広大な基地があるのに、そこで働いている沖縄の従業員はわずかです。経済活動を主体としてないからお金も生まない。同じような飛行場でも、成田空港では流通・消費などで経済が活性化し、お金が生みだされるが、その倍もある嘉手納基地の経済効果は、地主に払われる土地代と数少ない従業員への給料、そこで働いている人たちの消費に過ぎません。土地がありあまっているならまだしも、狭い沖縄のもっとも重要なところを占拠しています。

那覇に「おもろまち」という街があるんですが、以前は米軍施設がありました。返還後に新都心として整備されました。その経済波及効果たるやすごいです。米軍施設だった頃の、20倍から30倍です。従業員の数も、数百人から1万数千人以上と大幅に増えているんです。こういった経済構造がわかってなくて、基地があることによって沖縄の経済が成りたっているというのは論外です。むしろ基地の存在が、沖縄経済の阻害要因になっているというのが経済界の常識です。ところが、高校生は、基地で沖縄の経済が成り立っていると思いこんでいる。

前川：それはなんの影響ですか。

新城：まず、しっかりとした教育を受けていない。インターネット上にもいい加減な情報があふれていますし、こうした誤った情報に引きずられていることもあるでしょう。現在の沖縄経済に占める基地関連収入は、５％程度です。これだけの土地を確保しているのであれば、少なくとも20％程度の経済効果をもたらさなきゃいけないはずなのに、たった５％。そういった構造がわかってないということです。

ただし、沖縄の基地問題の本質が経済ではなく、「命《ヌチ》どぅ宝」を基本理念とする沖縄人《うちなーんちゅ》の生き方にあることは、基地問題を考えるうえでの大前提としなければいけません。いずれにせよ、戦後から現在に続く足元の歴史が教えられていないことに、高校生の基地に対する認識の甘さがあるといえるでしょう。沖縄の子たちに琉球・沖縄の歴史をしっかり教えないと、現在の課題もその本質も見えてこない。

歴史修正主義とのたたかい

前川：いまの政権は、歴史修正主義政権ですね。はっきりいってしまいますけど。

新城：はっきりいってもらったほうが、ありがたいです。私もそう思ってます。

前川：学問としての歴史学で明らかになっていることを頭ごなしに否定するとか。あったことを無かったことにするとか、無かったことをあったことにするとか。それを政治の力、政治権力の力で、学問で積み重ねてきた歴史学の成果をいっぺんにぶち壊そうとするような力が働いています。それが今は極大化しているような気がします。高等学校の歴史総合という教科に私はものごく期待はしていますが、こういった政治権力に影響されてしまうと、かえってよくないことが起こるかもしれない。日本史と世界史を合わせて、近現代中心に学ぶのはいまのわれわれの立ち位置を考えるうえでもだいじなことだと思いますが、それを、輝かしい国の発展の歴史のような観点でしか描かれないとなると、非常にまちがったものになってしまう。坂の上の雲みたいな歴史観、日本は東洋の諸民族に先駆けて近代化を成しとげた優秀な民族であるみたいなもの。

世界史のなかで日本史を勉強するといってもそんな勉強の仕方ではほんとうに学んだことにならないと思う。とくに歴史の教科書にかんしては、政治の干渉が非常に強い。しかも、教科書を政治的に変えていこうとする動きのどまんなかにいた人が総理になっていますから、非常に危ういと思っています。いろいろな片鱗を見せてきましたが、あれは何年になりますか、教科書の集団自決問題……。

新城：２００７年の教科書検定ですね。

前川：２００７年だったですかね。あのときは、第一次安倍政権でした。歴史修正主義が非常に力をもっていた時期です。しかもいまはもっと力をもっています。あれは、はっきりいって文部科学省が忖度した。集団自決の記述について、それまでつけていなかった検定意見をつけたわけです。軍の関与を書くなといった。あれは、こういうことを書かせるなというような明示的な指示があったわけではないと思います。しかし、政権はそういう政権だから、やっぱりちょっとこういう記述は直させないといけないだろうと考えた。これはあるまじきこと、教科書検定制度を前提にしても、こういう検定をしちゃいけない。だけど政治に忖度した検定の結果だと私は思います。

新城：ああ、やっぱりそうなんですね。

前川：あれは教科書調査官の意見ではないはずです。事務屋のほうがそういう意見をつけさせた。調査官のせいではないと思います。調査官はその前の検定は知ってるわけですから、前の検定で通ったものを通さないというのはおかしな話です。あれは、政治の力に忖度した役人がやったことだと理解しないと理由がわからない。

新城：怖いですね。

前川：あれは大失敗だったと思う。検定は教科書調査官にまかせて、それから先は、教科書検定審議会で、きちんと議論してもらえばよかっただけの話です。そうすればもとの記述がそのまま通ってたと思う。それを政治的に忖度して役人が曲げてしまった。政治の影響のもとで役人がやってはいけないことをやったという意味では、いまの公文書改竄とにてるところがあります。あの検定はそういう構図のなかで起こったと私は思ってます。

新城：沖縄ではその記述を復活させる運動は、まだつづいています。おかげで、軍の関与は書けるようになりましたが、ただ、「日本軍に自決を強要された」「軍命」の表現などは復活していません。教科書会社も忖度しててか、書かない。

前川：検定は非常にいやらしいですから。検定もある種の忖度をさせます。検定では、こう書けとはいわずに誘導します。

そのうえでファナティックな人たちが特定の教科書を攻撃しますから。学び舎の教科書が政治家たちからさんざん非難を受けました。ああいうことが起こると、学校で採用してもらおうと思ったら無難な表現にしようと、出版社はどうしても考えるでしょう。

新城：八重山教科書問題、あれは、沖縄としては結果的によかったけれども、ただ、基本的に私は現場の教員として、教科書は教員が学校現場で採択すべきものだと思います。

前川：私もそう思います。これね、文部科学省のポリシーとしても矛盾です。教育課程は学校ごとに編成するといっています。これは一貫した考え方で、同じ県立高校でも、あるいは同じ町立中学校でも、設置者が同じであっても学校がちがえば、それぞれの学校ごとにカリキュラムがちがうといっている。共通の基準は学習指導要領ですが、それは最底基準に過ぎないので、それを満たしたうえで具体的にどういうカリキュラムをつくるかは、学校ごとに決めていい、決めなさいとなっています。であるならば、その学校のカリキュラムに相応しい教科書を選べばいいのです。教科書もたくさんあって、いろんな多様性のなかから選べるようにしたほうがいい。あるいは、場合によっては自分たちでつくってもいいと思う。少なくとも学校ごとに教科書がちがっていい、むしろちがうほうが当たり前だ。ところが、公立小中学校の教科書にかんしては、無償給与するからという理由でまず、原則として市町村単位で採択する、しかも、町村にかんしては、共同採択じゃなきゃいけないというしばりが今まであったわけです。それで、私が局長のときに、法律を変えました。八重山のためではありませんといいながら変えました。郡単位でしばるというのは外しました。今でも共同採択制度は残ってますが、共同採択にするか、単独採択にするか、県の教育委員会で決められることになっています。もう完全に全部市町村ごとにばらしちゃうことができます。いまでは竹富町は竹富町で、単独で採択していいことになっています。私は最終的には学校選択にすべきだと思っています。

新城：私も、教壇に立っていた側というか、教師の主体的立場を考えたら、教科書選びは教える子どもたちのことをよく知ってる自分自身だ、という思いがあります。何をどう教えるかという責任は自分にあるわけです。ですから、教える教科書を選ぶ権利ぐらいは与えろよ、というのが教師の側の立場です。

前川：そうです。私も当然だと思います。この問題は規制緩和っていうまた別の文脈のなかでも、学校選択、学校採択にすべきだという議論がある。これは、面白い話で、新自由主義と国家主義がぶつかってるんです(笑)。新自由主義的な考え方の人たちは、学校を競争させろと、学校を競争させるためには、同じ県立学校であったとしても、学校ごとにちがうことをやらせろ、それで、競争させるといいます。競争させるためには、自主的な権限を与えないと競争にならない。だから同じ教科書を使えというのはおかしいと、これは新自由主義的な発想です。競争原理を学校にもちこめばよくなるという、信仰みたいなものがある。一方で、国家主義的な発想の人たちは同じ教科書を使わせろという。その同じ教科書、そのなかから偏向教科書を外せという。

共同採択のもともとの狙いというのは相互監視で、たとえば三つの自治体があったとして、一つが革新自治体になったとしても、保守が二つあればね、その革新を押さえこんで、彼らがいう偏向教科書にしないで済む。この新自由主義と国家主義とがぶつかっていて、新自由主義的な考え方の人は学校選択にすべきだといっていて、これは規制改革委員会みたいなところで学校選択にすべきであるという結論まで出ていますが、それが止まっています。一方で八重山の問題が出てきたときには、共同採択がだいじだという話だったから、共同採択でいけっていうほうが今は強くなってる。いままでの自民党の政権を見ていても、新自由主義的なものと国家主義的なもの、この二つが強くなっている。私はいずれも中曽根内閣あたりから非常に強まってきていると思います。ただ新自由主義が前面に出る政権と、国家主義が前面に出る政権とがあって、小泉政権は新自由主義のほうが前面に出ていた。郵政民営化に象徴されます。安倍政権は、新自由主義よりも国家主義が前面に出てる。あっちが出たり、こっちが出たり、まあどっちもよくないんですけど（笑）。

どっちもよくないけど、私は、その都度いろいろ使い分けて、こっちに乗ったり、あっちに乗ったりしながらやってきました。教科書の学校採択という意味では新自由主義のほうに乗ればいい。だけど、義務教育費国庫負担金を守るっていうときには国家主義のほうに乗った。義務教育費国庫負担金というのは、どこに生まれ育っても、子どもたちが一定の義務教育を受けられるようにするという、財源保障の仕組みです。財源保障をするための仕組みであって、国がそのお金をテコにして、教育の内容まで統制するためのものではない。内容については現場にできるだけ任せていく。しかし、その水準を、たとえばこっちは50人学級、こっちは30人学級ではおかしい。やっぱり、最低40人学級は維持できるように国は財源保障する。一人ひとりの教育を受ける権利、教育の機会均等を支えるための仕組みとして、義務教育費国庫負担制度が必要だと考えました。

義務教育費国庫負担制度が必要だと考える人のなかには、義務教育はそもそも国が全部丸抱えでやるべきもので、国が内容も決めて、それこそ方言は撲滅するみたいな発想で、歴史も、日本人の輝かしい歴史をみんなで共有するみたいな、そういう考えで、義務教育は国家がすべて管理すべきだという考え方の人がいる。その教育の中身については、私はその意見には賛成できないんですけど、財源保障は国がやるべきだというところは一致できる。義務教育費の国庫負担金を守ろうというときには、この国家主義的な人とうまくつながって守りました。そのときの文科大臣の中山成彬さんという人はそういう思想の人です。義務教育は全部国が丸抱えでやるべきだという。みんな国家公務員がになうべきだという人で、だからこそ、国庫負担金が必要だという話です。

こういう人は、教科書の採択の話になると、国定教科書がいいということになる。だから、学校ごとにちがう教科書でいいなんていう発想にはならない。学校ごとにちがう教科書でいいというのはむしろ新自由主義的な考え方にもあるので、そのときには新自由主義の人に「同じ考えですね」といって近づくけど、私は新自由主義ではないんです。

学校が競争すればうまくいくなんて思ってないわけで、学校というのは、やはりその地域にあってそこにいる子どもたちの、学習のための場です。それぞれの地域によるちがいはあって、そこで学ぶ子どもたちのちがいがあるから、そこで学ぶ子どもたちにとっていちばんいい教科書があるはずです。

新城：だからそれを選択できるのは、実は教師ですよ。

前川：そうですね。

新城：私たち教師は、たとえばA社の教科書を選んだら、A社の教科書だけで教えるわけではありません。ある分野でB社の教科書が詳しい場合は、それを参考に教材をつくったりして対応をしています。また、副読本も利用します。琉球・沖縄史でいうと、『三訂版　書き込み教科書　琉球・沖縄の歴史と文化』がテキストとして使用されていますが、これは副読本なので検定がない。これを教材として使用する場合は、教育委員会に副読本として申請すればいいだけです。じつは、この教科書（副読本）で、さきほどの検定教科書で書き替えられた「集団自決」の問題もカバーしているんです。このテキストでは、「日本軍による直接・間接の命令・誘導等によって『強制集団死』がおこったと」と書いてある。「強制集団死」とは、「集団自決」が自発的なものではなく、日本軍による強制でおこった死を意味した用語です。教科書だけに頼らない教材づくりもだいじだと思います。

歴史総合に向けて、若い教師たちがそれに対応できるような琉球・沖縄史のテキストをつくろうということで勉強会をしています。私がなぜ独自に琉球・沖縄史の教科書をつくったか。こういうものは、県がつくるものであって、現場の教師がつくるものではないとの意見もありますが、冷静に考えると、これはとても怖い考えです。国定教科書をつくるのと同じ発想だからです。県につくらせると、そのときの県政によって、あるいは政治家たちの考えによって、どんどん内容が変わってくるかもしれない。権力者にテキストをつくらせてはいけないというのが、民主主義における教育の基本ではないでしょうか。だから、県につくらせるんじゃない、私たちがつくらなきゃいけないんだ、ということで、教科書づくりをしています。なかなか理解が深まらなくて、最終的には私個人でこの教科書をつくるようなことになっていきました。

前川：この教科書は先生個人でつくったのですか？

新城：はい。個人名を前面に出すのはよくないので、歴史教育研究会という団体名を出していますが、最終的には私個人でつくりました。これがいま、沖縄の高校生が使っているテキストですが、特徴は、左半分をテキストにして、右半分に読んでまとめる、課題を調べるという形で、先生が教えないところも自分で勉強できるという形でつくっています。大学でも使っています。

それから、この『沖縄から見える歴史風景』は、日本史Bの教科書に記されている琉球・沖縄にかんする記述を分析したものです。先ほども話したように２００７年に、「集団自決」の記述を修正させた、教科書検定問題がありました。それをきっかけに、日本史の教科書で沖縄がどのように記述されているのかを調べ、沖縄側から書いてほしい内容を要求してもいいんじゃないかなと考えた。たとえば、旧石器時代の港川人についてはすべての教科書に書かれていますが、最近、石垣島で発掘された日本最古の白保人についても記述すべきではないか、ということなどです。もちろん、教科書検定で修正を指示された「集団自決」についてもとりあげ、沖縄の主張を明確に記しました。

検定教科書には限界があるので、副読本という形で地域に密着した教材を自分たちでつくればいい。こういったことを、もっともっと教師がやらないといけない。ところが、学校現場は多忙化・多様化で、そのような余裕がないというのが現状ですが……。

前川：でも、自分たちが教えたいことを教えられる教材を自分たちでつくれるとしたら、忙しくても喜んでやる仕事になるんじゃないかなという気がします。

新城：そうです。だから、教師に主体性を持たせる第一歩が、教科書選定ぐらい教師にさせてやれよっていうことなんです。

前川：私もそのとおりだと思います。それで思い出したのが、愛知県の犬山市です。同じ2007年に、これも中山大臣のときですが、全国一斉学力調査をはじめました。その第一回の全国学力テストに参加しなかった唯一の自治体が犬山市です。私はこの前も会ってきたけれど、そのときの犬山市の石田芳弘市長さんはものすごく教育に熱心でした。彼は、先生たちの自主性を重んじていて、教育を応援するけれども、干渉はしなかった。教育委員会主導の教育行政に対して、首長である石田さんが応援する、そういう構図だった。その教育委員会がやったことの一つに、教師が教材をつくるというのがある。犬山市独自の副教材というか、教科書ではないけれども、教科書に代わるものを一生懸命につくってました。先生たちに自分たちで教材をつくってもらうとものすごく生き生きとやるというのです。

新城：画一的な全国一律の教科書があるけれども、地域によるちがいも大きい。地域の歴史や地理とか文化とか、それはもう地域の教師しかわからないので、その地域に即した教科書、副読本をつくるというのは当然です。ただちょっと怖いのは、地域で独自につくった副読本には検定がない、ないので当然フリーパスで使える。ただ教育委員会には申請しなければならない。それに対して、政治が口出ししてくる可能性が高い。

前川：口出しするでしょうね（笑）。

新城：幸い今、私の作成したテキストについては口出しされてませんけれども。

（石垣市教育委員会は、２０１５年度から石垣市の全中学生に配布してきた副読本『八重山の歴史と文化・自然』について、南京事件や従軍慰安婦などが記されていることを理由に２０１７年度以降の刊行を取りやめた）

前川：たしかに見つかったら口出しされるかもしれません。集団自決の記述なんかについて……。

新城：当然はっきり書いてあります。

前川：この教材を使わせるなという圧力が沖縄県の教育委員会に加わる可能性がありますね。

新城：今のところ、ないですね。というのは、沖縄県議会も二度にわたって検定意見撤回の決議を採択していますし、県内41の全市町村も同様の採択をしているからです。つまり、県民世論の後押しがある。ですから、沖縄県教育委員会も「集団自決」については、私の書いた教科書などで教えてくれ、という立場にある。実は私のようなものが、教職員の10年研修とか、初任者研修などの講師も務めている。現在はそのような環境にあります。しかし、いつまで続くか。私も揚げ足をとられないよう、沖縄歴史教育研究会の仲間とともに日々研究を重ね、理論的武装を怠らないよう努めています。

前川：歴史修正主義の勢いは非常に強まってるから、危険ですね。

平和教育の再構築

新城：戦後73年、沖縄の慰霊の日の平和教育が形骸化しているのではないか、との指摘があります。沖縄島中部の読谷村《よみたんそん》に、沖縄戦で83人の住民が「集団自決」に追い込まれたチビチリガマとよばれる自然洞窟があります。昨年（２０１７）９月、この洞窟内の遺品が県内の少年４人によって破壊されるという事件が起こりました。彼らは「心霊スポットでの肝試し」という遊び心で洞窟にはいり、動画も撮影していました。驚いたことに、この場所が集団自決のあった戦跡だと知らない少年もいました。このような、彼らの行為は、「平和教育が心に届いていないことを意味しているのではないか」と、波紋を呼んだんです。

沖縄の子たちは、毎年、慰霊の日の特設授業などで沖縄戦の悲惨さを学んでおり、日ごろ素行の悪い子たちでも、戦跡を荒らすなんていうことはかつてないことでした。当初、10代の子どもではなく、右翼団体のしわざかともいわれました。じつはこのガマは、過去に右翼団体に破壊されたことがあったので、またもや右翼団体かなと噂されたほどです。ところが、調べてみたら、なんと10代の４人の少年たちだったということでびっくりして、沖縄の平和教育はどうなってるんだということになりました。

悲惨な沖縄戦の実相を継承するには、学校まかせではなく、学校と行政・地域・平和資料館等が連携して指導内容や指導方法を構築する必要があるでしょう。事件を起こした少年たちもガマの歴史を学んで、深く反省していきます。戦争体験者が確実に減少していくからこそ、戦争遺跡での追体験を通し、なぜ「集団自決」という悲惨な状況が起こったのか、現在の問題とも結びつけて考えさせる「平和学習」が求められているのではないでしょうか。沖縄県の教育委員会も、しっかりとした平和教育を指導するよう呼び掛けています。

一方で、若い教師たちが沖縄戦について教えることがむずかしいという意見もあります。これも私個人の仕事ですが、慰霊の日特設授業のためのテキストとして、『戦後１００年へのメッセージ２０４５年のあなたへ』を発行しました。沖縄戦を知らない若い世代に、単に沖縄戦の実相を伝えるだけではなく、そこから「何を学び、何を教訓とするか」をコンセプトにしたものです。また、本書で学んだ知識を野外学習で深めることができるよう、戦争遺跡や平和資料館などでの学習用ワークシートも作成してあります。問題は、こういった教材はあるけれども、それを教える時間がないというのが、学校現場の大きな悩みです。平和教育という科目があるわけでもない。とはいえ、平和教育はとてもだいじです。

前川：ほんとうにだいじだと思います。

新城：けれども、いつ誰がどこでどう教えるのかというと、きちんとしたカリキュラムに位置づけられているわけではない。

前川：高等学校の場合は、学校開設科目はいくらでもつくれるから、平和学をつくってもいい。人権とか平和とかはしっかりと勉強する必要があると思っています。

新城：そもそも平和教育とは何かという定義をしっかり定めないとなりません。沖縄で、沖縄戦のことを教えれば平和教育か。現在の基地問題とか、国際紛争の問題とかたくさんあります。平和教育とは何かという定義があって、この定義をもとにして体系立てて各学年で教えていくというシステムがつくれればいいと思います。私は道徳を教科にするよりもそちらのほうがいいと思っています。

前川：そのとおり。私も国が徳目を決めて、これを学校で教えて押しつけるというのは非常に問題があると思っています。これは、憲法上国が許されている権能を超えていると思っています。憲法上国が許されているのは、憲法の価値を教えるところまでであって、そこから先はもう個人の問題として、モラルの問題は家庭にまかせる。あるいは地域にまかせておくべき問題で、公教育で行なう価値教育というのは、憲法の価値に留めるべきです。では、憲法の価値は何かというと、個人の尊厳が根っこにあって、基本的人権を尊重し、平和を尊重し、国民主権で国を運営する、そこまでは、国が基準を定めて、道徳的価値として教えていいと思う。仮に道徳という教科をつくるのであればそこで教えるべきことというのは人権教育と平和教育と主権者教育だと思っています。

この4月から教科書を使って小学生が道徳を勉強しますが、この教科書は、とにかく酷いです。どんどん子どもたちを国家主義の方向にもっていく、そういうしかけになってますね。きわめて危ないな。

新城：現場でも、どういうふうに扱っていいものか、とても悩んでいます。むしろ、さっきいったように、平和教育として位置づけてくれたほうが指導しやすいと思っています。私たちは、たんに戦争のない状態を平和というのではなくて、自分たちの町や生活圏から差別をなくして、そして、弱い立場の人びとを社会の一員としてたいせつに迎える。そうした社会を目指しています。戦争がある、ないから平和ではなくて、たとえば、いじめがあったり、弱者を切り捨てたりする社会、これは少なくとも平和な状況ではない。人権教育・主権者教育・平和教育は密接につながっているので、全部ひっくるめて平和教育として十分に教えられる。人権を踏みにじる最たるものとして戦争があり、沖縄戦があると教えられる、これを体系立てて小学校ではこう、中学ではこう、高等学校ではこうするという学習を組みたてることができます。

先ほどのチビチリガマの遺物を損壊した少年たちは、自分たちの行動をものすごく反省して、「歴史を知らず、大きなことを犯してしまった。今後、このような事件がないようにしたい。沖縄戦を伝えていきたい」などと述べて、遺族会に謝罪しています。遺族会の方々も、ここは沖縄戦であなたたちの、おじいちゃん、おばあちゃん、ひいおじいちゃん、ひいおばあちゃんたちの世代が悲惨な思いをした場所だよ、肉親の傷みとして、わかるだろうと諭してくれた。やっぱり沖縄の子たちですね、胸にジーンとくるわけです。そして、彫刻家の金城実さんといっしょに野仏をつくって、ガマの入り口周辺に設置しているんです。

前川：災い転じて福となす、みたいな。

新城：そういうふうにして、この子どもたちを育てていくということもだいじですね。沖縄では毎年6月23日、糸満《いとまん》市摩文仁《まぶに》の平和祈念公園で「沖縄全戦没者追悼式」を開催しています。沖縄県が主催しているので、県庁の職員が汗を流しながらお年寄りを案内したりとか、会場周辺の安全対策などを行なっています。式典の司会はプロのアナウンサーが行なっていますが、ああいったものを若い人たちにまかせればいいなと思う。

前川：そうですね。いいですね。
新城：福祉とか、介護科のある高等学校の子たちにお願いしてお年寄りを案内したりとか、司会進行は高校生、大学生にまかせて、そして、追悼の合唱とかも若い人たちに歌ってもらえばいい。実行委員会形式にして、若い人たちに任せれば、彼らがこれを引きついでいく。
前川：歴史を学んで引きついでいくということがだいじです。そうしないとまた愚かなことをくり返す。
新城：この継承をどうするかっていうことですね。
前川：いまちゃんとやらないと。沖縄だけの問題ではなくて、日本全国、きちんと継承していかなければ……。
新城：戦後70年余、沖縄戦の体験者も高齢となり、私たちの身近には悲惨な地上戦を直に語ってくれる人が少なくなってきました。10年後、20年後には、戦争体験者の多くがいなくなってしまう。今はまだ、継承する人たちが疑問に思ったことがあったら聞くことができます。つまり、直接体験者から戦争体験の話を聞くことができる貴重な10年間だといえるでしょう。ここできちんとバトンを受けとっていかないといけない。
　ひめゆり平和祈念資料館では、館長も戦後生まれに代わり、体験講話も元学徒の高齢化を理由に終了しました。しかし、戦争を知らない若い人たちがしっかりと勉強し、体験者の記憶を来館者に伝えています。うまくバトンタッチしていますが、こういったことをいろんなところでやっていかないといけない。戦争遺跡もただ残せばいいのではなく、どのようにしてこの遺跡を継承していくかという工夫を、地域と学校、それから博物館や資料館などが連携して、きちんとやっていかないといけない。学校だけにまかせておくと、日々の教育で精一杯で、イベント的に、はい、慰霊の日ですといって追悼集会だけやって終わってしまうこともあります。沖縄の平和教育は新しい局面にはいっています。象徴的なのがチビチリガマの破壊事件だったなと思いますね。

前川：今でも沖縄に修学旅行に行く本土の生徒は多いですか。

新城：多いですね。１７００校から１８００校。人数でいうと20万人前後います。

前川：それは中高ですか。中高合わせて全国で2万５０００校ぐらいだから、１割近くが行ってるのかな。

新城：はい。ですので、もっと子どもたち同士の交流をもたせたいなと思います。姉妹校・兄弟校みたいな関係をつくって、沖縄から本土へ行くと、そこの学校の生徒と交流する。そして、本土の子たちが沖縄に来ると、またそこで交流するというふうに、子どもたち同士の交流で様々な問題を見つけて意見を交わしたりする。こうした形の修学旅行があってもいいなと思います。

前川：修学旅行はもっとほんとうに学ぶ機会として活用したらいいと思う。だからそのために事前学習が必要です。事前と事後の学習が必要で、それがなかなかできないんでしょうね。

新城：事前学習をしっかりできてる学校と、そうじゃない学校が結構あります。しっかりした学校はすごいです。沖縄の子たち以上に沖縄のことを知っている。沖縄戦について学びたいということで、沖縄大学の私のところに来たグループがあって、話をしたこともあります。そして、これを自分たちでもち帰ってレポートにまとめ、発表会をするといっていました。いろいろありますね、沖縄の海で泳いで遊んで帰るだけの学校もある。
以前は本土の修学旅行や自分の学校の平和学習で、チビチリガマとかアブラチガマ（糸数壕）などのガマに生徒たちを入れて、そこでおこった悲惨な出来事を講話するということもしていました。そうするとね、30年ぐらい前だったら、ガマはひんやりして暗いから、みんなもう沈黙して、涙を流しながら私や体験者の話を聞いていました。ところが今から20年ぐらいまえからだと思いますが、まるで幽霊屋敷にでもはいったような感じで、キャーキャーワーワー騒ぎだした。これは必ずしも、子どもたちだけを責めることはできないと思うんです。やはり戦後50年以上も経つと、戦争に対する認識、とらえ方が、私たちとちがってくるのは当然だと思うからです。ただ、ガマに入れればわかるだろう、ではすまないところがある。
前川：だからこそ学ぶ必要がさらに増しますね。
新城：だからこそ、です。
前川：平和教育の重要性は強まっているでしょう。戦争は、地球上から無くなってないわけだから。シリアで、ほんとに毎日空爆にさらされている子どもたちもいるわけだし、ベトナムで枯れ葉剤の影響を受けた子どもたちもいるし、カンボジアで地雷で足を失った子どもたちもいる。カンボジアやベトナムから日本に来てる人たちもいるわけだから、そういう戦争体験、日本の過去の戦争体験だけではなくて、日本で暮らしている人が、自分たちの生まれ育ったところで、経験した体験というのもあるわけだから、そういうものをいっしょに学んでいけば、よりリアリティのある、平和というか、戦争の学びになっていくだろうと思います。

新城：平和教育は、ある悲惨な出来事、その地域であったことだけではなくて、その背景となるものから、体系立てて学習できるようなシステムがほしいと思います。

もう一つは、アジア共通のテキストがあってもいいでしょう。アジア共通の近現代史、アジアのどの国でもこのテキストを使えるというのをつくれるような……。

おそらく国レベルではかなりむずかしいだろうから、民間レベルではじめていってほしい。まずは有志の方々がつくっていって、副読本として使ってみる。これが正規の科目になればなおさらいいことです。

前川：ヨーロッパでは、ドイツとフランスで、共通歴史教科書をつくったりしてますから。こういうことがアジアでもできないことはないと思います。

新城：本来だったら、日本がもう少しこういった活動の音頭をとってほしい。

前川：平和学習でもう一言だけいいたいことをいっておきます。安倍さんが積極的平和という言葉を簒奪してるのを許せない。安倍さんの積極的平和主義は、武力の均衡、つまり抑止論です。だから核も必要だということになりかねない。とにかく軍備を増強する理由に使ってるわけです。

本来の積極的平和というのは、たんに戦争がない状態ではなくて、個人の人権が保障され、学校であればいじめがない状態でもあるだろうし、格差や貧困が解消される方向に向かってテロがなくなっていく、あるいは食料やエネルギーの不平等も解消される方向に向かうことでしょう。一人ひとりが、人間として尊厳ある生活ができるような、そういう条件をつくっていくことによって、結果的に平和が保たれていく。そういうふうな、平和はそのようにつくっていくものなんだという、これが積極的平和という考え方です。

安倍さんがまったくちがう意味で積極的平和主義なんていうから、もう許しがたいと思ってるわけです。そういう武力の均衡で保つというのは、これはほんとうの平和ではないと。そういうことを学んでいくということが、琉球・沖縄の歴史から学べることだろうと思います。

新城：私もそれを聞きたかったですね。「道徳」に代わるものとして「平和学」というのがあってもいいと思います。現場ではそれをうまく生かして教育できればいいなと思ってます。

（２０１８年3月26日、明石書店）

善元 幸夫（よしもと・ゆきお）
1950年生まれ。1973年､江戸川区立葛西小学校（日本語学級）で中国･韓国からの残留孤児2世の孤児に日本語教育を担当。1995年「日韓合同授業研究会」を作り､日本･韓国･中国の国際交流研究会を開催し、ベトナムの多言語教育にも関わり現在にいたる。2003年、新宿区立大久保小学校日本語国際学級に赴任し、ニューカマーの子どもたちの教育を担当する。琉球大学、立教大学、目白大学、東京学芸大学の非常勤講師。
主な著作　『カリキュラム改革としての総合学習5　地域と結ぶ国際理解』（編著、アドバンテージサーバー）、『国境を越える子どもたち』（共編著､社会評論社）､『いま､教師は何をすればいいのか』（小学館）､『生命の出会い』（筑摩書房）､『おもしろくなければ学校じゃない』（アドバンテージサーバー）、『ほんとはネ、いじめっ子じゃないよ』（ポプラ社）、『ぼく、いいものいっぱい』（子どもの未来社）

金井 景子（かない・けいこ）
1957年大阪生まれ。早稲田大学大学院文学研究科博士課程後期満期退学。小学生向けの塾講師をはじめ、中学、高校、大学、専門学校、社会人向け講座など、さまざまな場所で「国語」と「文学」を教えてきた。亜細亜大学教養部助教授を経て、1999年より早稲田大学教育学部国語国文学科教授。日本近・現代文学、ジェンダー論。
主な著作　『真夜中の彼女たち─書く女の近代』『女子高生のための文章図鑑』『男子高生のための文章図鑑』（いずれも筑摩書房）､『ジェンダー・フリー教材の試み』（学文社）

新城 俊昭（あらしろ・としあき）
1950年沖縄生まれ。1974年、教職に就く。1995年に沖縄歴史教育研究会を立ち上げ、沖縄歴史と平和教育を高校教育に根づかせる運動を進める。沖縄県平和祈念資料館元監修委員､「沖縄全戦没者追悼式典」NHKゲストコメンテーターなどを務める。現在、沖縄大学客員教授。
主な著作　『沖縄から見える歴史風景』『教養講座　琉球･沖縄史』『新訂ジュニア版　琉球･沖縄史』（以上､東洋企画）､『戦後100年へのメッセージ　2045年のあなたへ』（沖縄時事出版）

著者紹介

前川 喜平（まえかわ・きへい）

1955 年奈良県生まれ。東京大学法学部卒業後、1979 年文部省（現・文部科学省）入省。文部大臣秘書官、初等中等教育局財務課長、官房長、初等中等教育局長、文部科学審議官を経て 2016 年、文部科学事務次官。2017 年に退官。同年 5 月、加計学園の獣医学部新設について「行政が歪められた」と発言。現在、夜間中学のスタッフとして活動中。

主な著作　『これからの日本、これからの教育』（寺脇研との共著、ちくま新書）、『面従腹背』（毎日新聞出版）、『前川喜平「官」を語る』（山田厚史との共著、宝島社）

青砥 恭（あおと・やすし）

元埼玉県立高校教諭。現在、NPO 法人さいたまユースサポートネット代表、全国子どもの貧困・教育支援団体協議会代表幹事、明治大学講師。「子ども・家庭・学校」に関するコラムを朝日新聞に「まなぶ」「はぐくむ」シリーズで 5 年にわたって連載している。

主な著作　『日の丸・君が代と子どもたち』（岩波書店）、『ドキュメント高校中退』（筑摩書房）、『若者の貧困・居場所・セカンドチャンス』（編著、太郎次郎社エディタス）、『ここまで進んだ！格差と貧困』（共著、新日本出版社）、『続・移行支援としての高校教育』（共著、福村出版）

関本 保孝（せきもと・やすたか）

1954 年生まれ。1978 年墨田区立曳舟中学校夜間学級着任。以後、2014 年まで夜間中学教員。現在、基礎教育保障学会事務局長、えんぴつの会及びピナット学習支援ボランティア。

主な著作　『日本における外国人・民族的マイノリティ人権白書 2018 年』（共著、外国人人権法連絡会）、『いのちに国境はない―多文化「共創」の実践者たち』（共著、慶應義塾大学出版会）、『社会的困難を生きる若者と学習支援―リテラシーを育む基礎教育の保障に向けて』（共著、明石書店）

前川喜平 教育のなかのマイノリティを語る
──高校中退・夜間中学・外国につながる子ども・LGBT・沖縄の歴史教育

2018年9月8日　初版第1刷発行
2020年1月12日　初版第2刷発行

著　者　前川喜平
　　　　青砥　恭
　　　　関本保孝
　　　　善元幸夫
　　　　金井景子
　　　　新城俊昭
発行者　大江道雅
発行所　株式会社 明石書店
〒101-0021 東京都千代田区外神田6-9-5
電　話　03（5818）1171
FAX　03（5818）1174
振　替　00100-7-24505
http://www.akashi.co.jp

編集　黒田貴史
組版　株式会社 三冬社
装丁　清水肇（prigraphics）
印刷・製本　モリモト印刷株式会社

（定価はカバーに表示してあります）　ISBN978-4-7503-4714-1